吴 江 汪 怿/主编

激发人才创新活力的
"余姚生态"

上海社会科学院出版社
SHANGHAI ACADEMY OF SOCIAL SCIENCES PRESS

本书系研究阐释党的十九届四中全会精神国家社科基金重大项目"构建具有全球竞争力的人才制度体系研究"(20ZDA107)阶段性成果

序

陈丽君

习近平总书记指出,发展是第一要务,人才是第一资源,创新是第一动力。迈入新世纪,新一轮科技革命和产业变革加速演进,全球经历从电力时代向算力时代的演变,而随着新冠疫情在全球暴发,全球竞争格局快速演变,人才成为发展新动力和关键变量,其战略价值得到全球各国共识,全球人才竞争进入白热化状态。与此同时,在百年未有之大变局前,我国进一步确立人才强国、创新驱动发展等战略,坚持创新在我国现代化建设全局中的核心地位,把科技自立自强作为国家发展的战略支撑,并提出了在"十四五"末建设社会主义现代化强国、迈入全球创新型国家前列的目标。2021年9月,习近平总书记在中央人才工作会议上提出了建设世界重要人才中心和创新高地的宏伟目标,全国各地掀起了争建世界人才中心和创新高地的浪潮,人才成为省市县(区)争夺的最重要战略性资源。

如何实现这一目标,如何提高城市人才的集聚度、活跃度和贡献度,当我们把目光转向当下世界重要人才中心和科创策源地进行对标对表时,我们无法忽视人才和创新生态系统的重要性。2021年3月,习近平总书记发表《努力成为世界主要科学中心和创新高地》的重要文章,提出营造良好创新环境的关键命题。同年5月,习近平总书记在两院院士大会上再次强调"我们着力实施人才强国战略,营造良好人才创新生态环境,聚天下英才而用之,充分激发广大科技人员积极性、主动性、创造性"。这些重要论述阐明了营造良好人才创新生态系统是吸引集聚人才、激发创新活力的关键路径,是促使各类人才真正发挥作用的能动场(孙锐,王通讯,2018)。

那什么是激发人才活力的生态系统?就理论层而言,说到"生态"概念,

激发人才创新活力的"余姚生态"

其实最早是英国植物生态学家 Tansley 在 1935 年提出的,它指在一定时空范围内,生物之间、生物与物理环境之间相互作用,通过物质循环、能量流动和信息传递,形成特定的营养结构和生物多样性的功能单位(Lindman,1942;Whittaker,1960)。生态概念的核心是系统观,是交互、循环、营养和多样性。这一概念后来被延伸到了对社会经济领域现象的阐释,比如美国总统科技顾问委员会(PCAST,2004)提出的创新生态系统概念,它标志着我们对人才创新范式的讨论从传统线性范式、交互耦合范式迈入生态范式,更强调"协同"和"综合系统"(李其玮等,2016)。之后,2013 年美国科学院发布《国家与区域创新生态系统的最佳实践:在 21 世纪的竞争》报告,直指构筑国家竞争力应将创新政策聚焦于创新生态系统;随后,欧盟、日本等世界主要发达国家和地区纷纷聚焦部署创新生态系统的策略和政策路径(The European Commission,2013;李万等,2014),世界主要国家和地区的人才与科技创新竞争也逐步演化为生态间和系统间竞争。

而在实践操作层面上,以生态进行人才竞争,该包含哪些核心要素呢?沿着生态系统思路,实务界和学术界都希望能以此来解释美国硅谷持续集聚人才和持续创新的成功动因。1995 年硅谷联合投资(Joint Venture Silicon Valley)和硅谷社区基金会(Silicon Valley Community Foundation)联合研究,围绕打造高效增长创新型经济、环境优美的宜居社区、广泛相连的包容社会、群策群力的区域治理四大总体目标,推出并发布了包含人口、经济、社会、空间和地方治理 5 个一级指标,以及人才流动、多样性、就业、收入、创新创业、商业空间、高等教育、学前教育、艺术与文化、健康质量、安全、慈善、住房、交通、土地利用、环境、地方政府财政、公民参与和公民代表 18 个二级指标、125 个三级指标的综合性区域发展评价报告,即硅谷指数。硅谷指数所蕴含的要素为我们探讨如何构建人才生态提供了极具价值的参考。

回到中国现实,以浙江省为例,作为一个人才资源小省,在大力集聚人才、激发人才创新活力上,浙江也探索了一条从激励性政策供给到全方位人才服务提供,再到人才综合生态打造的人才发展之路。2003 年,时任浙江省委书记的习近平面对浙江省面临升级换挡的发展格局,提出了"八八战略",要求

"进一步发挥浙江的人文优势,积极推进科教兴省、人才强省,加快建设文化大省"。同年底,习近平主持召开了浙江省全省第一次人才工作会议,作出大力实施人才强省战略的决定。2010年浙江省召开第二次全省人才工作会议,出台了省中长期人才发展规划纲要,推出了12项重大人才工程和8个方面的重大人才政策。2016年浙江发布人才新政25条(《关于深化人才发展体制机制改革,支持人才创业创新的意见》),旗帜鲜明地提出了全力打造人才生态最优省份,努力把浙江建设成为人才聚集之地、人才辈出之地、人才向往之地。那么,浙江省从政策到服务到生态的人才工作转型背后蕴含着怎样的背景和人才发展逻辑?浙江的故事能否成为人才发展理论和实践的解剖样板?又或者省域层面下更小单元的县域故事是否也能映射出最优人才生态的理论框架?

西南交通大学吴江教授主持的国家社科基金重大招标项目研究成果之一"激发人才创新活力的'余姚生态'"正是对上述问题的系统回答。自2019年以来,吴江教授及其课题组对浙江省宁波余姚市进行了深入细致的调查研究,产生了关于县域人才生态系统的大量开创性成果。该书不仅告诉读者小城市突破大城市人才竞争的虹吸效应和马太效应可以靠什么,更是在总结和提炼基础上全面阐述了关于激发人才创新活力生态的"Why、What、How"这三大类理论问题,即为什么要打造人才生态?(人才生态作用和价值)人才生态是什么?(人才生态构成要素)人才生态如何形成?(锻造具有韧性治理的中小城市独特人才生态)

余姚就像一只麻雀,麻雀虽小,五脏俱全,余姚是中国几千个县域城市的代表,它既具有特殊性又具备典型性。吴江教授及其团队对余姚麻雀的解剖揭示出了普遍意义的人才生态构建规律。它不仅体现在吴江教授对人才生态的概念界定,对于中国情境下县域人才生态打造核心要素的剖析(战略先导、政策创新、精致服务、企业主体和文化氛围),更体现在对中小城市人才引领发展三位一体路径的概括(政府的引导推动作用、企业的自觉主动作用和企业家的先导引领作用)。

该书的一大特色是,采取了总、分及再细分(案例)的模式,以抽丝剥茧、逐层细化的方式向我们展示了余姚人才生态如何得以建成。总报告之外,分报告分别更深入地解答了县域人才生态应是千地一面还是千地千面,人才视角对人才生态中各要素满意度和重要性评价，人才生态系统打造中如何突出企业主体地位，如何通过治理韧性来突破生态脆弱性。这些深入细腻的探讨充满真知灼见，很有启发。比如如何让脆弱的生态系统具备韧性，多元协同的人才治理机制、韧性演进的人才政策体系、精准高效的人才服务网络和务实创新的人才治理环境解答了韧性治理的要素。而人才生态环境打造得如何，最终离不开人才视角的评价。"高层次人才满意度和重要性评价"的人才问卷调查进一步把脉了人才生态建设中优劣势问题，这些实证信息对其他县市(区)也颇具参考价值。

管理是一门"知行合一"的学问，唯实践是理论的出处和归处。该书另一大特色是既凝练抽象又生动鲜活。该书后半部分人才案例、企业和企业家的案例、机器人小镇的案例以及余姚人才工作者案例，为我们提供了按图索骥的实践参考。此外，分报告篇中通过系统比较杭州市余杭区、苏州市昆山区和宁波市余姚市三地在最优人才生态打造中的努力和成效，提出了不同资源禀赋中小城市应如何因地制宜地构建热带季风型、热带雨林型和珊瑚礁型等各具特色人才生态，同样对面临类似境遇的县市(区)提供了有益的借鉴。而余姚人才生态业已形成的"鲇鱼效应、回弹效应、木桶效应和品牌效应"的总结则让我们在鲜活故事找到学习榜样。

吴江教授集结和组建的人才研究团队，基于详实的一手调研数据、案例素材和文献，提出了县域集聚和激发人才活力的生态营造路径，为诠释具有国际竞争力的人才制度建设，尤其为我国中小城市的人才发展提供了可资借鉴的范例。

承蒙吴江院长的厚爱，我早于读者拜读了这本分量很重的新著。作为一名晚辈学者，本不适合在大专家面前班门弄斧，但同样作为一名长期从事人才领域理论和政策研究的工作者，该书于我既有共鸣更有启迪，我非常愿意为全国同行提供阅读本书后的感想以及对中国人才生态问题的一些想法，以此作序，意在抛砖引玉。我相信，无论是潜心于人才领域理论研究的研究人员还是人才领域的实务工作者，甚至人才自身都能从本书中获益匪浅。

2022年6月

目 录

序 ……………………………………………………… 陈丽君 / 001

Ⅰ 总报告

人才引领发展的"余姚生态"/ 003
 一、"余姚生态"的产生背景 / 003
 二、"余姚生态"的构成要素 / 005
 三、"余姚生态"的独特魅力 / 013
 四、结语 / 018

Ⅱ 分报告

中小城市人才引领发展的案例比较：余杭、昆山、余姚的人才生态比较研究 / 021
 一、余杭区人才生态 / 023
 二、昆山市人才生态 / 026
 三、余姚市人才生态 / 030
 四、中小城市人才引领发展的生态模式内涵 / 034

高层次人才满意度和重要性评价问卷分析报告 / 036
 一、主要研究发现 / 036

二、重要因素评价 / 040

　　三、满意因素评价 / 046

　　四、制约因素评价 / 051

突出企业主体地位,唱好人才引领大戏 / 057

　　一、人才工作新格局:企业登台唱主角 / 058

　　二、政府新机制:充分发挥企业人才主体作用 / 061

　　三、企业新模式:以人才为管理核心 / 064

　　四、企业家的新实践:始终坚持"人才第一"的理念 / 067

　　五、价值与展望 / 069

余姚人才发展的韧性治理体系及启示 / 073

　　一、多元协同的人才治理体制 / 074

　　二、韧性演进的人才政策体系 / 076

　　三、精准高效的人才服务网络 / 079

　　四、务实创新的人才治理环境 / 082

　　五、余姚人才韧性治理体系的展望及启示 / 083

Ⅲ　案例

姚力军:"余姚吸引力"的最好诠释者 / 089

　　一、为什么姚力军愿意到余姚来 / 089

　　二、为什么余姚能够成就姚力军 / 091

　　三、为什么姚力军始终愿意扎根余姚 / 094

　　四、为什么姚力军愿意无偿帮助余姚引才 / 096

　　五、姚力军扎根余姚创新创业带给我们的启示 / 098

余姚舜宇:践行"人才驱动"理念,铸就全球光学行业"名配角" / 101

　　一、识才:从以才引才到不拘一格 / 101

　　二、爱才:从文化营造到制度创新 / 102

　　三、用才:从优化机制到搭建平台 / 103

四、容才：从用其所长到尊重创新 / 105

　　五、聚才：从钱聚人散到钱散人聚 / 106

　　六、育才：从尊重成长到引领发展 / 108

　　七、留才：从待遇留人到事业留人 / 109

　　八、启示 / 110

余姚机器人小镇：引进高端人才，开创特色产业 / 112

　　一、高端人才引领产业形成——小镇源起与动因 / 112

　　二、高端人才集聚引领产业集聚——小镇发展历程 / 115

　　三、"人才+"模式助推产业升级——小镇发展模式 / 116

　　四、余姚机器人小镇"人才+"模式的启示 / 119

活跃于基层的余姚人才工作者：攥指为拳，合力开创人才工作新局面 / 122

　　一、人才工作者"梦之队"是如何炼成的 / 122

　　二、活跃于基层的人才工作者如何赢得人心 / 126

　　三、人才工作者如何引爆创新 / 129

　　四、启示启发 / 132

Ⅳ 附录

余姚市人才资源发展状况问卷调查分析报告 / 135

　　一、人才版（含高层次人才）问卷分析结果 / 135

　　二、用人单位负责人版问卷分析结果 / 163

　　三、党政负责人和人才工作者版问卷分析结果 / 173

余姚市人才资源发展状况评估调查问卷样例 / 188

　　一、人才版 / 188

　　二、用人单位负责人版 / 196

　　三、党政负责人和人才工作者版 / 200

后记 / 206

Ⅰ 总 报 告

人才引领发展的"余姚生态"

作为没有背靠大城市,没有高校、科研机构,没有大型国企和跨国公司,没有国家重大改革先行先试优惠政策的小城市,如何依据自己的资源禀赋,突破大城市对一流人才的虹吸效应和马太效应,实现人才引领转型发展,这是当前我国县级城市面临的共同问题。

党的十八大以来,县级城市浙江余姚坚定不移实施人才强市战略,坚持问题导向、坚持创新思维开展人才工作,努力打造人才发展生态最优市,培育了人才与产业、人才与城市共生共荣的生态系统,实现了创新人才高度集聚、创新资本充分涌流、创新活力持续迸发。目前,余姚全市人才总量逾26.4万人,其中,高层次人才突破6 000人,国家、省重点人才计划专家分别达72位、34位。

近悦远来的"余姚生态",让一流人才看到这里虽然是小城市,但有施展本领的舞台,有干事创业的氛围,有系统贴心的支持,成功打破了一流人才单向涌进大城市的惯例,为浙江省乃至全国小城市实现人才引领转型发展提供了新思路与新范式。

一、"余姚生态"的产生背景

2020年10月14日,习近平总书记在深圳特区建立40周年庆祝大会上指出:"发展是第一要务,人才是第一资源,创新是第一动力。"如果不走创新驱动道路,新旧动能不能顺利转换,是不可能真正强大起来的,只能是大而不强。强起来靠创新,创新靠人才。当前国家实力、城市竞争力的比拼,已不限于自然资源、土地、劳动力,人才以及释放其内在创造力,并使之转化为新技术、新产品、新市场、新产业、新业态的本领,才是一个展现经济实力的根本所在。

（一）推动新旧动能转换、实现高质量发展的必然要求

创新发展、"换道超车"成为余姚内在需求、发展诉求。一方面，余姚从改革开放之初乡镇企业起家，到抓住市场经济机遇，成为闻名全国的塑料、小家电中心，走出了一条令人瞩目的发展之路。但在全面改革开放、高质量发展背景下，面对构建现代化经济体系的要求，传统产业模式越来越难以为继，必须提高用新知识、新技术改造和提升传统产业，用新的要素整合、组织形态来创造新的发展空间，实现能力、效率的跃迁。另一方面，在世界科技变革、产业发展快速变化的背景下，只有确立新的主攻方向，抢先布局优势领域、前沿领域，谋划培育发展新的经济形态，才能赢得未来竞争主动，以新锐的力量开辟、引领、集聚新的领域，实现"换道超车"，实现中小城市实力、能力的跃迁。

（二）发挥人才战略性引领作用的必然要求

人才资源作为经济社会发展第一资源、战略资源、引领资源的特征和作用更加明显，人才实力已经成为城市竞争力的关键内容，人才竞争成为全球竞争的重要方面。谁能培养造就、吸引集聚更多掌握先进知识技术、具有发展能力的优秀人才，谁能打造和激发人才组合效应，谁能充分利用人才与技术、资本、信息等要素的组合，发挥人才"点石成金"的作用，谁就能在竞争中占据优势。

（三）长三角一体化发展的必然要求

习近平总书记和党中央着眼全局，作出了长三角区域一体化发展上升为国家战略的重大决策。长三角区域一体化，会推动人才资源更加积极、自由的流动，从而促进人才链、创新链和产业链更加合理的分布和重构，推动区域内融合发展，形成更具特色、更具实力、更具竞争力、更具影响力的世界级城市群板块的崛起。

地处长三角南翼的余姚，必须找准战略定位，抢抓、敢抓、善抓发展机遇，以更加积极、更加开放、更加有效的政策，吸引人才、集聚人才，让余姚成为区域板块中新崛起的增长点、支撑点、爆发点。

二、"余姚生态"的构成要素

人才不会凭空而降,只有"栽好梧桐树",才能"引得凤凰来"。党的十八大以来,余姚市以习近平新时代中国特色社会主义思想为指引,紧紧围绕市委、市政府"六争攻坚、三年攀高"行动部署,不断深化实施"人才强市"战略,聚全市之力打造人才生态最优市。

(一)战略先导:用准确定位的战略思维、抢先一步的战略行动、"静待花开"的战略定力,创造"换道超车"的发展新空间

战略头脑决定战略资源,战略思维决定战略地位,战略格局决定战略方向。余姚人才有短板,余姚发展有难以超越的劣势。面对人才吸引和集聚的基础不强、资源不多、优势不足的情况下,作为新时代中小城市,要赢得人才引领发展的成功,必须在战略认识上拔得头筹,必须充分认识到人才作为战略资源的重要性。

1. 准确定位的战略思维

在激烈的城市竞争中,余姚之所以能够脱颖而出,与历届市委、市政府在战略层面,运用世界眼光,从赢得国际竞争主动的角度,认识人才工作的重要性、紧迫性密切相关;与历届市委、市政府立足更高站位、放眼长远历史,从实现民族振兴、强国建设的角度,突出人才的前瞻性、引领性密切相关;与历届市委、市政府进一步坚定改革决心和信心,突出人才工作的创新性、开拓性密切相关。2006年,王永康担任市委书记之后,人才工作成为"一把手"工程,直接引进了当时尚在美国霍尼韦尔公司担任高管的姚力军博士,并以此为契机出台了一系列优惠政策,打下了"引智聚才"的政策根基。2009年陈伟俊任市委书记之后,继续高度重视人才工作,制定出台了《余姚市中长期人才发展规划纲要(2011—2020)》,形成了以《关于深入实施人才强市战略进一步加强人才工作的意见》为主体的"1+10"新人才政策体系,人才资源总量和高层次人才总量逐渐攀升。2011年,毛宏芳调任市委书记,人才工作成为其施政理念的核心,任职期间,余姚在省内率先推出"3个500万"政策,并启动建设了省内

激发人才创新活力的"余姚生态"

首个人才创业园——浙江余姚人才创业园,中国机器人峰会会址永久落户余姚。2016年奚明担任市委书记后,一如既往地保持对人才工作的高度重视,强调把人才引领发展战略成为全市共识,新出台余姚人才新政25条,将"3个500万"升级到"4个500万",启动了"百企百'千人'工程",实施了"阳明学者""引才大使"等一系列引才制度,并推出了中国·宁波余姚"河姆智谷"国际人才科技洽谈会、全球智能制造创业创新大赛等多项举措,更大力度促进高层次人才创办企业发展。余姚历任市委书记坚定的韧性领导力,决定了余姚人才政策的定力,人才政策不断系统、完善和成熟。

2. 抢先一步的战略行动

"赢"字"亡"当头;想要在激烈的竞争中"赢",就一定要时时刻刻对"亡"有警惕,就时时刻刻需要有危机意识。正是对未来有深刻的危机感,使得余姚从实际出发,着眼于新一轮科技革命、着眼于新一轮产业变革,在抢机遇方面先行一步,主攻机器人等五大产业、出炉前湾硅谷建设规划。也正是对未来有深刻的危机感,使余姚看见了人才背后的引领发展的动力,在吸引人才方面抢先一步,始终把人才工作作为"一把手"工程,时刻放在心上、扛在肩上、抓在手上,重要工作第一时间部署、重大问题第一时间研究、重点环节第一时间协调,伸长手臂到各地抢人才、出国全面出击争人才、紧贴产业需求招人才。他们牢牢树立"错过这一次,再没第二次"的工作理念,不放弃任何一次与人才接触的机会,不错过任何一次服务人才的机会,不丢掉任何一次加深余姚对人才印象和感知的机会,全力推进"人才+"行动。

3. "静待花开"的战略定力

保持战略耐性和定力,克服急功近利的浮躁心态,着眼于长远和战略发展,以"静待花开"的耐心,孕育每一次创新活动,支持每一个创新项目,这是作为中小城市人才治理的重要底色和气度,也是赢得人才、发展人才的重要基础。2005年,姚力军博士带着团队从日本回归来余姚创办了江丰电子,在创业过程中,对他的猜疑声、悲观论一直不断,但余姚党政领导始终保持"静待花开"的最大耐心,给予最大的信任、最大的支持。12年磨一剑,2017年江丰电子成为余姚首家上市的海外高层次人才企业。现在江丰电子拥有超过400项专利,制定了11项国家、行业标准,创新成果填补了我国超大规模集成电路用超高纯金属及溅射靶材的空白,核心产品打破了美日垄断。芯片产业决定未来,但当前未必有产出、有效益、有利润,能不能认准发展目标、抓住发展机遇,保持战略的耐心、战略的定力,这是能不能笑到最后的关键。连续四任党委、政府,顶着 GDP 考核的压力,顶着人才企业前期"投入多、纳税少"的压力,人才工作一茬接着一茬干,支持力度一届更比一届大,培育了一批人才,发展了一批芯片产业集群。

(二) 政策创新:用灵活的政策、协同的政策、落地的政策,不断提升政策的效率、效益、效力

吸引人才的政策,不在于力度大不大,而在于有没有抓住关节点;发展人才的政策,不在于涉及面宽不宽,而在于有没有打出组合拳;促进人才创新创业、成就人才梦想的政策,不在于数量多不多,而在于有没有达到率和实效性。近年来,余姚充分发挥党委、政府行政层级少,与人才距离近、接触多的优势,遵循人才规律、创新创业规律,增强政策的灵活性、协同性和落地性,形成了余姚吸引人才、集聚人才、服务人才的营商环境。

1. 突出政策的灵活性

首先,余姚能从科技发展的趋势、产业升级的趋势、人才发展的趋势、区域发展的趋势出发,根据人才成长发展的不同阶段、不同需求,快速调整策略,精准供给政策。2012 年,余姚在全省率先推出了"3 个 500 万"政策,包括 500 万元扶持资金、500 万元种子资金、500 万元贷款利率贴息;2017 年,又专门出台"人才新政 25 条",把"3 个 500 万"升级为"4 个 500 万",在原先"3 个 500 万"基础上,又增加了 500 万元发展奖励资金,把最高扶持额度提高到了 1 亿元,截至 2021 年底,累计下达补助资金 3.1 亿元。余姚"4 个 500 万"的政策,本质上就是人才创新创业过程中、人才成长发展规律里的四个需求。其次,突出人才满意导向,能对现有人才计划、人才工程、人才政策进行优化升级,聚焦人才创新创业活力靶向施策,最大限度释放人才能量。如在实施"姚江英才"等人才计划过程中,对人才项目申报尽量做到人选能报尽报、条件能宽尽宽、手续能简尽简,尽可能采纳市场化、社会化评价结果,尽可能认可大赛评审、异

地评审结果,减少政策程序对人才创造性劳动的干扰,把人才从烦琐的表格中解放出来。又如在人才经费的管理方面,进一步提高资金使用的灵活性,赋予领军人才更大的资金支配权,让经费真正为人才的创造性活动服务。再如在保护人才利益上,健全完善知识产权保护机制,积极鼓励企业实施股权期权和年薪制、协议工资制等激励机制,让各类人才创有所得、创有所获、创可致富。

2. 加强政策的协同性

一方面,党委、政府层面突出经营城市的理念,加快推进内部部门职能整合,在依法依规前提下,整合县级市所有资源,攒成一个拳头,突出需求导向、问题导向、任务导向,从人才最关心的事情抓起,从人才最不满意的地方改起,直接发现需求、直接发现问题、直接解决问题、直接提供服务;另一方面,加强辖区内资源整合,加大区域范围内统筹协调,深切理解企业和投资者创业、发展的艰辛,对人才多指导少指责,多帮忙少设卡,在法律法规允许的范围内,正确处理好程序与效率的关系,创新服务手段和方式,严格落实服务承诺、限时办结等制度,对该办的事坚决办,能办的事马上办,难办的事想法办。涉及其他部门的事主动协调办,只为成功想办法,不为失败找理由,切实为企业和投资者提供快速、高效、便捷的服务,让投资者和企业得到方便和实惠。

3. 强化政策的落地性

一是有政策落地的效果。在"人才新政25条"基础上,新制定出台"姚江英才计划"实施细则,进一步加大人才项目扶持力度,强化项目后续服务管理。同时,出台人才奖评选管理办法、"引才大使"管理办法、"阳明学者"制度等配套细则11个,形成"引育用留"政策闭环。全面推进"最多跑一次"改革,群众和企业到政府办事"最多跑一次"事项已实现100%。

二是有政策落地的机制。余姚有落实人才工作、人才政策的体制,有人才工作目标管理考核,有人才工作联络员制度,有层层传递压实工作责任的机制。同时,余姚还建立重点乡镇、重点企业联络员制度,吸纳重点乡镇(街道)人才工作者及大型规上企业人事专员进入人才工作专职联络员队伍,并建立了日常业务交流机制,开展全市乡镇街道人才工作站站长培训、全市组织部门人才工作培训、人才工作联络员业务培训,全面提升人才工作开展质效。

（三）精致服务：用让人才"受重视、得实惠、有地位"的服务理念、专业的服务策略、高效网络化的服务体制，增强中小城市对人才黏性

跑过三关六码头，来到余姚不想走！精致服务是中小城市人才引领发展的基础。作为县级市，余姚在发展资源、创业条件、基础设施等硬配套方面往往难以与大都市比拼，但在软环境上做文章、下功夫，是赢得人才、留住人才的重要法宝。

1. 让人才"受重视、得实惠、有地位"的服务理念

在服务理念上，突出让人才受重视、得实惠、有地位。第一，让人才"受重视"。凡是有意来姚的重要人才主要领导主动对接，凡是到姚考察的重要人才主要领导全程陪同，凡是在姚工作的重要人才都由市领导结对服务，让人才感受到满满的诚意。第二，让人才"得实惠"。在依法依规前提下，为人才荣誉评选、奖项评定、津贴补贴等提供支持。第三，让人才"有地位"。全面实行市领导联系重要人才制度，定期对高层次人才、重要专家进行慰问、走访，定期向各类人才通报市里工作情况，定期组织开展高层次人才联谊活动，定期安排高端人才赴外考察、学习、研修，并推选社会责任感强、影响力大的人才成为党代表、人大代表、政协委员，推动形成礼敬人才的浓厚氛围。

2. 突出"小、大、准、快"的服务策略

第一，抓"小"，即"关键小事"。余姚抓住安居难、就学难等人才关注的关键小事，通过人才公寓、绿色通道，提出了余姚解法、拿出了余姚行动。第二，抓大。人才项目、人才创办的企业往往最需要的是资金这个要素，政府鼓励商业银行创新推广知识产权质押、股权质押等融资产品，探索设立科技金融服务中心，积极引导民营企业投资人才项目，并充分发挥"金融超市"融资服务功能，确保人才不为钱而犯愁。特别是抢抓"科创板"设立契机，加快推动具备条件、确有需求的人才企业破题上市。第三，抓准。科学分析并全面掌握基层和企业的发展之困以及客观需求，找准着力点，发挥政府部门的资源优势，送政策、搭平台，提供有针对性的服务，帮助排忧解难，真正做到干而有功、服务有效。秉持"妈妈式"服务理念，通过建设人才库、项目库、需求库"三库互联"

信息平台,尽最大努力满足人才的合理需求。第四,抓快。政府服务效率高,深化推进"最多跑一次"改革,对高层次人才创业创新项目实施"一窗受理""一站通办",成为宁波首个政务服务无证明县市。人才项目审批周期较其他项目平均缩短50%以上,企业投资项目审批时间已缩减为41天,群众和企业到政府办事"最多跑一次"事项已实现100%。例如,集成电路封装测试企业甬矽电子,从签约落户到第一批产品下线仅187天,创造了"余姚速度"。

3. 建立高效、网络化的服务体制

第一,以"没有最好,只有更好"的理念,继续坚持市领导结对制度,落实党委联系服务专家制度,突出书记是第一接待人、第一招商窗口,建立"三必访""三必帮"机制(对联系服务专家实行重要节日必访、重病必访、取得重大成就必访;对专家双创破难必帮、合理需求必帮、权益受损必帮)。第二,成立高层次人才创业创新服务联盟,建立高层次人才"助创员"体系,实施"一对一"助创专员、"多对一"助创团队服务。目前全市有助创专员20多人,都是副科局级干部,围绕创业过程,给予高端人才创新创业涉及土地、资金、基建项目等一系列全方位服务。第三,建立重点乡镇、重点企业联络员制度。目前,有25名重点乡镇(街道)人才工作者及大型规上企业人事专员进入人才工作专职联络员队伍,并建立了日常业务交流机制,开展全市乡镇街道人才工作站站长培训、全市组织部门人才工作培训、人才工作联络员业务培训,全面提升人才工作开展质效。第四,健全综合保障体系,建立人才发展专项资金,统筹安排用于人才开发培养等工作。近三年来每年平均安排人才工作资金约2亿多元,占本级公共财政收入比例在3%以上。同时,余姚还专门整合10亿元政策资金、100亿元产业基金扶持智能经济发展,重点补齐融资能力不强的短板,更好满足人才需求。

(四)企业主体:坚持以人才资本投资,激活企业内在动力的用人模式,引领企业高质量发展

企业是用人的主体、人才的土壤,企业是一个地方人才工作最关键的细胞、最重要的基地、最核心的动力源。硅谷的发展,是创新创业生态的结果,更是构成硅谷的每个企业主体用人的结果。余姚唱好人才引领发展的一台大

戏，真正的主角是企业。人才引领发展的余姚生态，关键的核心在于激活企业的内在动力，在于形成政府、企业、企业家"三位一体"的模式。

1. 发挥政府的引导推动作用

在党管人才的原则下，余姚政府着力建立发挥企业人才主体作用机制，做到坚持人才引领企业发展的理念，树立企业主体作用意识；坚持以人才资本投资，引领企业高质量发展；坚持以人才供给侧改革，促进企业转型升级；坚持政产学研合作中突出企业人才主体作用。企业人才主体作用机制的建立，有力地引导了企业家人才工作的活力，推动了企业人才主体作用的发挥。

2. 发挥企业的自觉主动作用

企业是使用人才的主体，余姚企业积极主动地引进、培育、用好人才，坚定不移地走人才驱动创新的路子，建立适应从鞋子帽子、小电器、五金模具到高端制造、智能制造等创新发展要求相适应的用人模式。通过领先一步的用人模式，为人才引领发展的"余姚生态"注入新的动力、内在的活力，为引人聚才提供最大的品牌、最响的招牌、最亮的标牌。在余姚，不管是像舜宇集团早已功成名就的"老牌企业"，还是像江丰电子创立不久的"新科状元"，企业都确立了人才引领发展的战略地位。

3. 发挥企业家的先导引领作用

企业家是企业发展的决定性因素，企业家的人才引领和人才竞争意识，决定着企业人才主体作用的发挥。余姚的知名企业家中，不管是本土的民营企业家还是高科技企业家，或是科学家转变为新兴企业家，较统一地形成了以"人才第一"为核心理念的经营思想，并身体力行进行了实践，在自己的企业中率先确定人才引领的战略地位，倡导企业人才主体作用的发挥，同时为其他企业家做出示范，引领其他企业人才主体作用的发挥。

（五）文化氛围：用爱国奉献的政治价值观、浙商文化独特基因的人文优势、余姚宜居宜业的生活环境，集聚人气、汇聚人才、凝聚人心

余姚地处长三角南翼，素有"东南最名邑""文献名邦"的美誉，诞生了

激发人才创新活力的"余姚生态"

7 000年历史的河姆渡远古文明,走出了王阳明、黄宗羲等一批著名人物,拥有着全国19个抗日根据地之一的浙东革命根据地。大力弘扬"崇文崇德、开明开放、创新创优"的新时期余姚精神,求真务实、开拓进取,大胆探索、勇攀高峰,积极投身于火热的创新创业实践,为不断推进富裕和谐新余姚建设作出新的更大的贡献。

1. 以政治价值凝人心

人才工作要取得好的成效,不仅仅是给钱给物给帽子,还要坚持党管人才,加强人才的爱国奉献价值引领,寓管理于服务之中,寓服务于管理之中,实现增"人数"与得"人心"的有机统一,凝聚人才干事创业的力量。围绕干事创业,支持干事创业,引导干事创业,在政治上充分信任人才、思想上主动引导人才,努力形成政治引领的"乘数效应",不断加强人才的政治引领。

2. 以人文优势聚人气

一是具有吃苦耐劳、自强不息,奋发图强、坚韧不拔的草根精神。深受王阳明"知行合一"理念影响,余姚具有注重实践躬行的文化传统,推崇靠着辛劳付出、辛勤汗水换出来、熬出来、闯出来的草根精神、创业精神,让更多以创业为志向的人才找到了存在基础。

二是非禁即入、无中生有、敢想敢闯、敢试敢创、敢冒风险、敢于作为的创新精神。小小余姚,有着深厚的创业基因。全市约32万户、83万人口中,各类市场主体超过12万户,平均每3家中就有1家创业、每7个人里面就有1个当"老板"。正是这种"崇尚创业"的劲头,让余姚企业人才敢于勇立潮头、敢于开拓奋进,让更多在创新当中谋求发展、在创新中实现自我超越的人才在此找到了共同话语,也正是这里有"不仇富"的水土,让更多创业者能够找到留下来、发展下去的空间。

三是小中见大、小题大做的扎实作风,开放包容、相互帮衬的创富模式。大事业总是从第一步开始靠脚踏实地、一步一步前行。浙江的文化不拒小、不嫌小,敢于"无中生有",善于"小题大做",勇于"以小博大",让没有硬资产、只有新技术的创业者,在余姚找到知音,也在与他们共同抱团发展、相互取暖中,倡导了"小中见大""以少胜多"的快乐。

3. 靠生活环境集人才

致力提升城市品质,扎实推进全区域生态环境发展,狠抓"法治余姚""平安余姚"建设,余姚市先后获得全球绿色城市、全国文明城市、中国最具幸福感城市、中国优秀旅游城市、国家卫生城市等称号,搬回了省"平安金鼎",确保城市功能品质与人才需求相匹配。同时,针对人才所需所盼,深化实施人才生活服务"3H"工程(Housing,住房;Home,家庭;Health,健康),在医疗保健、子女就学、配偶安置等方面提供最大便利,使费尽心思引进的人才爱上余姚、扎根余姚。如针对人才住房问题,余姚投入1 600万元资金,新建或装修住房2.7万平方米,目前累计投用人才住房达458套。此外,平时经常性组织开展专家健康体检和疗休养活动,组织召开高层次人才迎春座谈会、专家联谊等活动,持续体现政府关怀。

三、"余姚生态"的独特魅力

"余姚生态"的成功实践充分证明,哪里的环境优,哪里就是吸引人才的强磁场;哪里的机制活,哪里就是创新创业的沃土;哪里的服务好,哪里就能让人才大显身手、带动一方经济发展。具体说来,"余姚生态"有四大效应。

(一) 不可低估的"鲇鱼效应"

一个人才的引进,激活整个城市,带活当地的经济社会发展。以国家重点人才计划专家姚力军为例,一个姚力军的引进,引进新的理念、引入了新的动能,带动了人才链、创新链,进而对产业链产生重要影响。

一是有力促进了高端人才的加速集聚。落户余姚的人才,用自身的发展经历,主动为余姚宣传,积极为余姚代言,争当"引才大使",使更多人才选择余姚、落户余姚。仅姚力军、甘中学两位专家,就为余姚引入国家重点人才计划专家38人,占余姚国家重点人才计划专家总量的58%。甘中学博士建立"宁研院"后,18名机器人领域专家慕名而来,催生23家企业,推动了机器人产业的快速发展。同时,以引聚国家重点人才计划专家为契机,余姚抓紧出台

激发人才创新活力的"余姚生态"

"25条人才新政",以平台、政策优势磁吸、集聚智能制造领域高端人才150余名,海内外优秀人才向余姚集聚的流量、速度和频次进一步加快。

二是有力推动了创新竞争力的快速提升。创新人才带着优质项目来到余姚,在自身发展的同时,还催生了一批新兴产业。例如姚力军博士,不仅他创建的江丰电子成功上市,而且推动形成了靶材产业链。甘中学团队研发出全球首款十八轴双臂机器人,吴景晖团队电子级低氧超高纯钛项目打破美日垄断。同时,也因为是海外创新人才的到来,使得余姚的创新竞争力得到了进一步提升。国家重大专项、科技支撑计划项目、863计划项目实现了"零"突破,已超过10项。全市战略性新兴产业增加值、高新技术产业增加值,分别占规上工业增加值的44%和56.6%,领涨A股创业板前三名。"姚江英才计划"人才企业2018年销售突破10亿元,税收超1亿元;江丰生物等9家企业入选省级隐形冠军培育库,江丰电子、容百锂电等7家企业相继入选第一、第二批宁波"单项冠军"示范企业。即便在经济下行压力加重的复杂情况下,余姚2018年仍旧保持着工业经济质量趋优、效益趋好的趋势,实现规上工业增加值334.5亿元、利润96亿元,分别增长10.5%和12%。

三是有力推动了人才生态多样化的发展。一方面,来自不同地方的海外人才,围绕在姚力军博士的江丰电子周围,抱团发展、相互参股、互相成就、共担风险,形成了独特的"江丰系"创新企业;另一方面,本土企业的观念也在"江丰系"的影响下慢慢改变,像江丰一样花大力气吸引创新人才、项目,一样砸重金搞新技术、建新载体、抢新增长点。目前,全市研究与试验发展经费投入占地区生产总值比重提高到2.8%,企业技术中心达到460家,设置研发机构企业数实现高位突破,企业智能化诊断和改造项目分别达到168个、219个,高新技术产业投资增长50%。在此基础上,通过与本地企业"联姻""通婚",海外人才的创新企业和本土企业更好地融合在一起。在海外人才的帮助下,技术引进、吸收改造已经成为本土企业的重要选择,"想要改、抢着改"的氛围日益浓厚。截至目前,全市已累计实施智能化改造重点专项342个,减员17 100人,改造环节生产效率较改造前提高129%。全市已启动建设智能化工厂(数字车间)项目17个,建成自动化成套装备改造试点项目3个,"智畅机器人""云联冲压技术"等一批智能制造装备企业应运而生。

(二) 以用为本的"回弹效应"

通过余姚人才生态建设和治理,使得人才、项目、创新创业活动从上海、杭州等大都市向中小城市回弹。

一是创新人才向中小城市的回弹。越来越多的人才和企业依托浙江余姚人才创业园、机器人智谷小镇、中意宁波生态园、清华启迪余姚科技城、城市客厅综合服务中心、长三角创业服务中心大楼等重点项目,把余姚作为创新创业首选地。

二是创新项目从大都市向中小城市的回弹。近年来,以浙江大学机器人研究院、诺丁汉(余姚)智能电气化研究院等为代表的高水平创新平台相继落户,成为余姚培育智能制造高端人才的重要基地。与此同时,国家级留创园、"侨梦苑"等平台正式落户,为余姚人才、技术和资本的有机嫁接提供了更为有效的平台。国家"千企千镇工程"首个落地项目——中国云城暨国际机器人交易博览中心正式动工,成为余姚进一步集聚机器人产业要素、助推智能制造研究成果向市场转化的又一重要载体。仅浙江大学机器人研究院一家,就与全市20多家企业开展技术合作,与10家企业共建创新平台,引进入驻研发创业团队15个。

三是创新资源向中小城市的回弹。近年来,余姚组成立总规模达64亿元的河姆渡智能制造产业基金和总规模10亿元的人才发展基金,对13家人才企业通过多种渠道实现有效股权融资3.6亿元。宁波智能制造产业研究院成功孵化科技型中小企业23家,累计授权发明专利23项。在看到具有优势的创新基础,国内外大型企业纷至沓来,形成了优质创新资源从大城市向中小城市的回弹。

(三) 无缝治理的"木桶效应"

人才引领发展的效应取决于是否形成合力、能否迅速补上发展"短板"。目前各部门、各要素之间的无缝对接,形成了"木桶效应",把缺乏大城市的资

激发人才创新活力的"余姚生态"

源禀赋、发展水平的劣势转化成赢得未来竞争的优势。

一是政府部门之间的无缝对接。一方面,市委、市政府"一把手"一手抓经济报表、一手抓人才报表,带头招揽人才,带头服务人才,带头扛起责任;另一方面,政府倡导"团队"观念,主要领导牵头、分管领导具体执行、具体部门服务到位。在人才办起好牵头抓总的同时,各个部门、单位也各司其责、各负其责、各尽其责,找准定位、主动作为、合心合拍、群策群力、攒齐拳头,发挥合力,与人才抱团发展。

二是政府服务与市场配置的无缝对接。通过让政府做好服务,让市场主体发挥作用。一方面,通过平台引才、以才引才、机构引才、柔性引才、活动引才等多种方式大力引进海内外领军型科技创新人才;另一方面,通过做精政务服务,为重点创业团队选配助创团队,推行全程代办、陪办等服务,基本建立了为各类高层次人才量身定制的从洽谈引进到注册落户、项目启动到实施投产的全过程服务模式,推动了政务服务更加规范高效。

三是"人才+资本"的无缝衔接。资金缺口大、抵押少、融资难,中坚骨干研发人才招不到、外地人才不愿来,这些是中小城市的创新创业人才发展的最大短板。在余姚,在政府引导和推动下,在民间资本充足、私募基金活跃的情况下,建立了政府、企业、社会共同投入机制,完善了才与财、智与资的交流平台,提升了民营资本与人才智力的合作空间。目前,建立了首期规模10亿元的机器人产业基金、总规模1亿元的蔚蓝智谷产业基金、"才·富"合作基金等4个政府产业引导扶持基金,还建立了新材料等各类产业引导基金,充分发挥浙商余姚人才服务银行等的价值,大力度推动才富合作基金运作,补上了融资贵、融资难的短板,实现了"才""富"无缝衔接。

(四) 敢为人先的"品牌效应"

良好的人才发展机制、适合人才创新创业的生态,使得余姚的影响力、吸引力日渐增强,海内外人才冲着余姚人才生态这块"响当当"的品牌纷至沓来,把创业的首站放在了余姚。

一是形成了"一把手"抓"第一资源"的书记品牌。目前,余姚各级、各部门坚定不移实施招才引智"一号工程",通过"大脚板走一线、小分队破难题"攻坚行动,由市领导领衔攻坚破难,明确建立"一个项目、一名领导、一个分队、一抓到底"的工作机制,为人才解决一批问题、攻下一批项目、办成一批大事,在人才、企业心目中打造了"一把手"真抓、真心抓、持续抓"第一资源"的品牌。

二是形成了"以才引才"的集聚品牌。榜样的力量无穷大,人才对人才最有说服力。对姚力军、甘中学等7位在姚专家,余姚充分发挥他们在相关领域内的巨大影响力和号召力,采用聘请担任"引才大使"、特聘市决策咨询委员会委员等方式,推动实现"以才引才"涟漪效应。

三是形成了"以产引才"的产业品牌。余姚深入实施企业人才优先开发战略,强化市场配置人才资源的基础功能,大力推进规上企业研发机构全覆盖三年行动计划,促进人才在企业落地生根、率先发展。充分发挥产业对人才的吸附效应,在产业链上下游及横向关联领域,靶向引进一批产业关联度高、附加值高的高层次人才项目,同时要抓紧制定战略性新兴产业领域人才紧缺指数和紧缺人才开发导向目录,确保项目获得中坚人才支撑。

四是形成了"宜居宜业引才"的城市品牌。近年来,余姚始终注重以会引才。精心举办中国机器人峰会暨智能经济人才峰会、中国宁波·余姚"河姆智谷"国际人才科技洽谈会,形成了对人才的强劲"磁吸效应"。例如,通过举办中国机器人峰会暨智能经济人才峰会,成功促使中国机器人峰会会址永久落户余姚,成为超越政府招才、企业引才、以才引才的重要渠道和来源。每年均有1 500多位业界精英参会,其中包括两院院士、业内顶级专家学者、世界及中国机器人和智能制造企业负责人。依托峰会,每年有最新的思想在这里交融碰撞,有最牛的人才在这里互动交流,有最前沿的技术和信息在这里呈现。此外,还有10亿扶持资金、100亿产业基金,吸引一大批优秀人才带着项目落户余姚。2015年,机器人领域著名专家甘中学落户余姚,牵头建设宁波智能制造产业研究院,该院研发的机器人控制器以第一名入选国家重点研发计划,十八轴双臂机器人为全球首款。此外,"以赛引才"也成为余姚引才工作的新手段,通过市场化操作的方式,连续两年举办了全球智能制造创业创新大赛,取得了明显成效。

中小城市人才引领发展的案例比较：
余杭、昆山、余姚的人才生态比较研究

摘 要 随着我国的社会主义现代化建设进入新时代，以及国家城市发展战略的转型，中小城市的发展处于换挡发展的关键节点。这也意味着中小城市的发展要依据自身资源禀赋特点和区位优势，更加突出人才的引领作用，打造更加科学有效的人才生态模式。通过对余杭、昆山和余姚三地的人才生态的比较研究发现，余杭的人才发展具有依托杭州优势产业转移的热带季风型生态特征，昆山的人才发展具有融入上海和苏州的热带雨林型生态特征，这两个中小城市的人才生态由于紧靠大城市，其本身具有非脆弱性的特点。而余姚由于距离长三角的经济中心较远，其人才发展本身具有脆弱性的特点。在打造具有韧性特征的人才引领发展的余姚生态的过程中，余姚市通过突出人才引领发展战略、提升人才政策执行能力、创新人才精准化服务、强化企业的主体地位、优化人才发展生态环境等措施，探索了一条具有韧性特征的珊瑚礁型人才生态新模式。珊瑚礁型人才生态中每个珊瑚都是弱小的，都不具备抗风浪、反脆弱的能力，而只有当众多的珊瑚集合在一起，形成了珊瑚岛礁，这种人才生态的脆弱性才会转化为人才生态的韧性，并展现出其持久的生命力。

"聚天下英才而用之，加快建设人才强国"是习近平总书记对新时代人才工作的新要求。在我国全面建成小康社会的关键时期，人才和城市在政治和宏观经济中扮演着愈发重要的角色，甚至成为世界主要的经济和政治动力。城市的人才影响力在不断增强，城市的人才竞争信息和城市人才政策盘点将

激发人才创新活力的"余姚生态"

可能为城市的人才战略、人力资源战略提供信息支持。尤其是2016年中共中央《关于深化人才发展体制机制改革的意见》颁布，对人才发展体制机制改革作出明确的顶层设计和制度安排以来，我国的城市人才竞争不断升级，城市人才竞争力成为衡量城市发展潜力的重要指标。更加重视城市发展的质量，更加重视城市发展的内涵，更加重视城市发展的人才支撑，成为新时代中国城市竞争的一大特色。

与此同时，党的十八大以来，随着中国特色社会主义进入新时代，我国的城市发展战略开始从以追求数量为主的城市化发展阶段逐渐向数量与质量并重的新型城镇化方向，由大城市间合作向城市群协同集约发展方向转变。中小城市发展面临更为严峻的外部环境挑战。在新的城市竞争格局下，超大特大城市和中小城市都面临着"亩产论英雄"，进入通过人才作用发挥助力城市发展质量提升的新阶段。作为缺乏高校、科研机构和重大改革先试先行的中小城市，面对经济全球化和人才国际化的快速变化，以及超大特大城市的人才虹吸效应，中小城市如何在充满不确定性的背景下，找准在全球发展、国家发展和区域发展中的定位，依据自身资源禀赋，强化人才体制机制创新和人才政策执行模式创新，借助于市场化、国际化的理论，通过项目聚焦、产业聚焦、政策聚焦，实现人才战略思维调动发展战略资源，打造区域人才集聚发展的新高地，人才引领经济社会发展的新动力源，这是中小城市发展模式换挡面临的共同挑战。

在中小城市人才发展模式换挡的关键节点，中小城市实现人才引领发展的范式转换需要依据自身特色，打造特色高效的人才生态，使得中小城市成为人才集聚的诺亚舟、人才发展的涵养地、人才创新的新节点。本报告聚焦于长三角的中小城市，通过宁波余姚市、杭州余杭区、苏州昆山市的人才生态比较研究，旨在展示余姚作为没有大城市可依靠，没有高校和科研机构可支撑，没有大型国企和跨国公司可借力，没有国家重大改革先行先试可支持的中小城市，是如何在经济全球化和人才国际化的过程中，打造珊瑚礁型人才成长新生态，从而形成人才引领中小城市发展的余姚模式的。

一、余杭区人才生态

余杭区地处杭州市区西部和北部,位于杭嘉湖平原和京杭大运河的南端,是长江三角洲的圆心地。2001年2月2日,经国务院批准,撤销余杭市,设立杭州市余杭区。近年来,余杭区将自身的发展紧紧同杭州这一互联网创新高峰相联系,通过主动承接来自杭州的资金和人才,使得自身成为受杭州人才季风所惠及的地区。2018年10月,余杭区全区实现生产总值(GDP)2 312.45亿元,入选2018年度全国投资潜力百强区、全国科技创新百强区、全国绿色发展百强区。作为阿里巴巴等大型企业所在地,近年来,余杭区委、区政府认真贯彻中央和省、市有关精神,坚持人才优先发展战略,创造了一条以激活市场主体活力为特色的人才引领发展道路。

(一) 突出依托杭州的人才发展战略

第一,建立完整的人才工作体系。为贯彻依托杭州的发展战略,余杭调整完善以区委书记任组长、区长任第一副组长的"最高"标准领导小组架构,将全区92个区直单位、镇街平台1 000余人纳入"最全"人才工作体系,明确以各单位党(工)委书记为"第一责任人"的人才工作要求,制定人才工作问题清单、责任清单、项目清单398项,建立区直单位、镇街平台党(工)委书记人才工作述职评议机制,增强党管人才统筹谋划合力。实践中,余杭重点突出四大人才战略。一是着力打造"1+X"的人才集聚平台;二是着力深化"人才+资本+民企"的发展特色;三是着力构建"政府主导+市场主体"的政策体系;四是着力完善"留才+成才"的人才服务保障。

第二,落实省市人才扶持政策和人才能力提升工程。围绕中央《关于深化人才发展体制机制改革的意见》和省"人才新政"、市"人才若干意见22条"有关精神,余杭以市场化、国际化理念整合提升现有高层次人才培养扶持政策,修订完善余杭"人才新政",加大培养力度,落实配套措施,努力解决一批区级权限可以解决的"痛点""难点"问题。在具体实施中,余杭重点抓好六方面工作:一是强化科技示范引领;二是发挥项目引领作用;三是加强科技与金融、人才结合;四是完善科技管理服务体系;五是切实加快公共科技平台建设;六是不断深化政产学研合作。2017年以来,余杭坚持实施"两大工程"和"两大计划",截至目前,全区累计引进和培育海外高层次人才3 500余名,"国家级"人才143名、"省级"人才199名。总体而言,余杭通过产业引领规划、创新体制机制、优化服务保障等一系列举措,加快优化热带季风型人才生态,人才工作得到创新发展,特色亮点不断涌现,已连续9年荣获全省人才工作优秀单位。

(二) 突出政府市场合作的人才服务政策

第一,通过体制机制创新做实人才工作。为打造杭州市人才体制机制创新的新高地,2017年8月,余杭区出台《关于实施引才"十百千"工程,进一步打造余杭人才高地的十条意见》(简称"余杭人才新政十条"),对全区人才政策进行整合提升。在"余杭人才新政十条"中,余杭区不再局限于以往与周边地区比拼奖励力度,而是紧紧围绕需求导向,瞄准"痛点""堵点",在人才创新创业过程中最受关注的居留落户、教育医疗、人才住房、社会保障、创业资助、融资渠道、产业转化等体制机制环节提出针对性举措,注重区分人才不同层次、不同类型、不同阶段、不同需求,精准施策,打造人才集聚、创新创业的机制体制优势。

第二,政府机关干部通过"店小二"式服务培育人才。一是健全人才政策服务体系。2018年,余杭发布人才发展生态体系政策"双十条",侧重在人才生活居住方面的后勤保障,为人才提供更精准的人才服务,着力破解阻碍制约人才工作的难点问题。二是强化创新要素对接。紧密结合创新余杭建设,在全区层面开展"服务企业、服务群众、服务基层""服务项目产业化、服务企业促发展"等专题活动,努力搭建人才、资本、名企对接平台,推动人才与资本、资源与智慧的联系与对接,为人才项目产业化落地、市场化拓展打开空间。三是构建全程式创新产业链。在省级梦想基金基础上,建立超100亿元"政府基金+子基金+社会资本"模式的人才项目扶持基金,采取"资助+期权+激励"的运作模式,实现人才项目政府投入资金的循环使用。

(三) 突出市场作用的人才引育策略

第一,实施人才资源市场化配置工程。为激发企业等市场主体在人才优先发展战略贯彻落实中的活力,余杭积极激发市场在人力资源配置中的重要作用,形成企业、科研机构等用人单位为主体引才机制,鼓励和支持用人单位加大对紧缺创新创业人才的引进力度。2017年以来,余杭区通过深化科技创新"523"计划,力争建成30家产业特色鲜明、服务资源集聚、创业优势互补的专业特色园区,探索创新与专业引才机构间的外包合作和扶持机制,鼓励市场主体负责运营引才育才,提高专业化水平。

第二,由政府主抓向政府引导、市场主导的人才引育机制转变。做好人才工作不能简单局限于党委、政府的力量,更重要的还是发挥市场在人才资源配置中的决定性作用。为此,余杭区探索创新引才"三法",形成"政府+企业+人才+社会中介"立体引才育才网络,为人才工作注入了强大动力。一是"合作共赢法"强化市场中介引才;二是"需求导向法"强化企业主体引才;三是"朋友圈荐才法"强化人才互荐引才。

第三,由政府主建向政府、市场共建众创空间打造模式转变。目前,全国上下积极响应中央号召,大力兴建各类众创空间,在这方面,余杭区通过政府抓规划示范、政策引导,鼓励市场做跟进建设、运营孵化,形成了政府和市场共建共营众创空间的特色发展经验。比如,余杭区委、区政府重点做好未来科技城(海创园)17万平方米首期孵化平台、"梦想小镇"先导区块、人工智能小镇孵化平台、"523"科创园区的规划建设,并同步制定出台鼓励社会资本参与园区建设的优惠政策,通过引入市场主体的多元化、多方位参与,在全区真正形成了"大众创业、万众创新"的热潮。

(四) 突出人才成长的人才生态打造

一是实施人才发展环境提升工程。围绕杭州打造全国领先、全球知名人才高地的战略要求,余杭区依托杭州市的人才集聚优势,做到服务提前一步,不断完善高层次人才"店小二"式服务,健全人才服务专窗、人才服务例会、项目审批代办服务等制度,为 D 类以上人才提供"一对一"专人服务。建立完善安家费补助、购房补助、人才租赁住房、租赁补助、企业整体申购五位一体的安居保障举措,为余杭引进的高层次创新创业人才及团队提供多元化的住房保障。

二是优化人才综合绩效评价。在引才用才环节,余杭区坚持"以用为本"原则,将杭州吹来的高质量季风落地生根,逐渐从追求人才数量向重视人才质量转变。比如,探索建立"三位一体"绩效评价体系,对处于不同发展阶段的人才项目实施"引入阶段契合度评价""初创阶段推进度评价""产业化阶段贡献度评价"的全程绩效评价。目前,全区海外高层次人才项目中,已有三分之一的项目成功实现产业化,有效破解了以往部分人才"捡到篮里就是菜""一评定终身""拿补助混日子""能进不能出"等难题,筛选出有真才实干的创新创业人才将其留在余杭。

二、 昆山市人才生态

昆山地处长江三角洲东部,东距上海市中心 50 公里,西邻苏州市区 26 公里。优越的区位优势使得昆山被上海和苏州创新和经济热带雨林所覆盖,这是昆山发展经济的有利条件,但也容易造成人才往这两个城市流失的弊端。如何让昆山在上海和苏州的热带雨林中长出新高度,成为人才新密林,成为昆山市人才工作的一个重点和难点。十多年来,昆山市抓住产能升级换代的契机,坚持"招才引智"与"拴心留人"并重,深度融入上海和苏州经济圈,在热带雨林人才生态打造方面做出了有益尝试。2018 年昆山实现 GDP 3 832 亿元,十四连冠"全国百强县",昆山也在江苏省 2018 年度高质量发展总结表彰大会上被评为推进高质量发展先进县(市、区)。

(一) 一体化的人才引进品牌战略

第一,以人才特区为抓手突显昆山特色。为深度对接上海和苏州的人才红利,2006 年,经江苏省人才工作领导小组批准,昆山被确定为全省 6 个"人才特区"试点工作区域,是苏南两个试点之一。但与北上广等发达地区相比,昆山的人才资源也面临着明显的瓶颈，如缺乏高层次创新型、领军型人才；缺乏与先进制造业、现代服务业新方向相匹配的大量优秀人才；缺乏适应国际化企业的高级技工人才等，极大地制约了昆山人才的集聚。为了突破这一现实困境，昆山抓住2008年金融危机制造业压力大的机遇，大力推进人才引领发展战略，积极实施"亿元人才政策"，即每年拿出年度财政预算的1%，设立优秀人才和科技专项资金，从而开启了昆山市人才政策结构的不断探索完善之路。

第二，明确昆山自身人才战略。在热带雨林中生存既有优势，也有挑战，为在热带雨林中长出自己的高度，2010年，《国家中长期人才发展规划纲要（2010—2020年）》颁布后，昆山紧跟形势，加大政策力度，先后出台昆委〔2010〕47号《关于印发〈昆山市中长期人才发展规划纲要（2010—2020年）〉的通知》《关于大力实施人才生根战略的意见》，规划指导今后一阶段的人才工作。2013年，昆山按照市级财政公共预算收入的6%设立人才科技专项资金，区镇做相应配套，"人才+科技"投入总金额达20亿元，为人才引进和培育构建了完善的工作体系。

第三，打造昆山自身产业品牌。近年来，昆山抢抓新一轮科技革命和产业变革机遇，大力发展具有优势和基础、代表产业发展方向的战略性新兴产业，开展重大科技攻关，培育壮大光电、半导体、小核酸及生物医药、智能制造四大高端产业。大力实施新兴产业"3515"计划（培育新增3个千亿级产业，5个数百亿级产业，15个百亿级企业），人才引进聚焦光电、高端装备制造、生物技术等新兴产业，围绕现代服务业引进人才，驱动"服务业品牌化"。

（二）全方位服务的人才政策体系

首先，创新党管人才，增强组织引领力。为做好热带雨林中的人才工作，昆山成立产业科创中心建设领导小组，由市委、市政府主要领导共同担任组长，进一步加大人才科创组织推进力度；市级层面组建科创办、科创推进办两个职能部门，区镇层面，紧密结合科技招商工作设立专门区镇人才工作机构，配备专职副主任和专职工作人员。2018年，人才科创在全市经济社会发展目标管理考核中占比高达18%。与此同时,昆山构建以企业成长为主线的"规模企业—高新技术企业—专精特新和隐形冠军企业—瞪羚企业—自主可控企业—独角兽企业"全链条发展体系,制定出台"高新技术标杆"企业、"隐形冠军""单打冠军""自主可控"企业、"瞪羚""独角兽"企业转型扶持政策。

其次,注重人才政策研发,增强政策吸引力。整合设立5亿元综合信用风险池和15亿元人才科创专项资金,创新实施人才科创"631"计划和人才"头雁工程"。截至2018年,昆山引进了20多名海内外院士等顶尖人才专家,在光电、新能源、生物医药等多个方面都有科研及成果转化项目。如2018年11月,昆山分别给予2个头雁团队各1亿元项目资助、1名头雁人才1 000万元项目资助,昆山"头雁工程"成为全国首个亿元人才政策落实兑现城市。

最后,建立全方位的人才支持体系。一是双创人才计划:个人最高可获得600万元项目资助、200万元安家补贴;用人单位最高可获得500万元奖励。二是双创团队计划:团队最高可获得5 000万元项目资助;个人最高可获得100万元安家补贴;用人单位最高可获得100万元奖励。三是紧缺人才计划:个人最高可获得100万元奖励。四是高技能人才计划:个人最高可获得100万元安家补贴;用人单位最高可获得50万元奖励。五是社会事业人才计划:个人最高可获得100万元奖励和100万元安家补贴;团队最高可获得500万元项目资助。六是外专人才计划:用人单位最高可获得50万元奖励。七是柔性引才计划:个人最高可获得50万元奖励;用人单位最高可获得50万元奖励。八是乡土人才计划:个人不低于5万元和10万元两个层级奖励。还制定了包含行政服务、生活服务、金融服务等,特别像户籍、住房、教育、医疗等保障方面在内的人才政策体系。

(三) 人性化的人才精准服务网络

一是清单式服务。"实"是政府服务的试金石,也是助推政府服务模式转变的推力。在创新人才政策执行过程中,昆山将传统的服务向"人才出题,政府答题"的清单式服务转型。如2006年的一天,刘召贵先生应清华校友之邀到昆山顺道"看看",在与市领导的会谈过程中,他随口提出了投资落户中可能遇到的员工子女上学、科技投资扶持政策等6个难题。未曾想,第二天,昆山市委、市政府就召开联席会议,协商解决了这6个问题。"本来以为这份清单会把昆山'吓'回去,可面对这样的诚意,我没理由不来。"刘召贵回忆道。天瑞仪器股份有限公司由此落户昆山,创造了五年内由"一间办公室"到"一幢大厦"到"一家上市公司"再到"一个产业园"的"四级跳"奇迹。

二是情景式服务。"真"是政府引才行动成功的关键,也是服务型政府建设的关键。昆山坚持参照人才需求和国际做法,创新人才发展情景模式,构筑大环境,为人才打造从"落地"到"居住"、从"创业"到"成长",从"生产"到"生活"的全方位服务链,让人才感觉这里就是梦想中的创业情景,从而对昆山一见钟情。国家重点人才计划专家马列伟到昆山考察,昆山领导对他的技术和团队如数家珍,并安排专人带其考察办公场地、生活环境。量身定制的梦想环境,温暖高效的政府服务,使得马列伟从考察环境,到正式落户,没超过24小时。

三是恋爱式服务。"亲"是政府在引人感情上的认同,是留住人才的核心。昆山提倡打感情牌,突出恋爱般主动、贴心的服务。如在2010年,为打造分析仪器产业链,昆山将目标瞄准了质谱仪专家周振。出发之前,昆山工作人员全面了解周振公司的现状、面临的难题,随后专门三次飞赴广州与周振当面沟通,提出一份由政府、银行、风投机构三方共同出资的"一揽子"支持计划。收到这份情真意切的"聘礼",周振和他的团队于当年正式"下嫁"昆山。

(四) 产业化的人才生态环境打造

首先,优化创新创业生态,增强环境竞争力。在人才引领发展过程中,昆山依靠紧邻上海和苏州的热带雨林优势,加快打造全国首个集人才服务、人才交流、人才成果展示、人才资源开发于一体的人才发展服务中心。昆山高层次人才"一站式"服务整合320多个职能部门服务清单,形成"专人、专线、专窗"服务机制。创新实践"一中心两基金"建设,仅2018年,昆山投融资服务中心累计注册企业6 600家,解决融资需求246.2亿元;"小微贷"累计为187家企业解决融资需求11.2亿元。

其次,突出特色产业,人才生态圈正在形成。一体化的人才引进品牌战略打造、全方位服务的人才政策体系完善、人性化的人才精准服务网络打造,昆山将由上海和苏州蔓延而来的人才积聚生态优化升级,并初步形成了在上海和苏州人才热带雨林中的人才新聚点。目前,昆山已形成新型平板显示、新能源、新材料、生物医药、高端装备制造、物联网等一批特色产业集群。同时,加快建设工业技术研究院、清华科技园昆山分园、科教园区等重点创新载体,不断完善"1院3板块N平台"为主体的科技创新体系。新的载体不仅成为支撑昆山经济发展的着力点,更成为吸引海内外高层次人才创新创业的新标尺。

三、余姚市人才生态

余姚市是浙江省辖县级市,位于中国浙江省宁绍平原,地处长江三角洲南翼。余姚自古以来人才荟萃,是姚江学派的发祥地,也是虞世南、王阳明、黄宗羲、蒋梦麟、余秋雨、郑永年等人的故乡。近年来,余姚落实人才引领发展战略,着力打造珊瑚礁型人才生态,城市整体能级不断提升。2018年,余姚获得全国绿色发展百强县市、全国科技创新百强县市、全国新型城镇化质量百强县市、全国"幸福百县榜"、中国工业百强县(市)、中国县级市全面小康指数前100名、全国县域经济综合竞争力100强、中国大陆最佳商业城市100强、中国最佳县级城市30强等荣誉。

(一)突出人才引领发展战略

一是树立人才战略思维。作为没有大城市资源辐射带动、没有著名科研机构依托的中小城市,余姚市委、市政府深刻认识到,越是中小城市,越不具有特大城市具备优势,越需要战略思维。近年来,余姚把人才工程作为"一号工程",制定出台了多个引才育才的政策文件,并多渠道宣传在人才引进、培养、使用等方面的具体措施,大力宣传这座城市爱才惜才、求才若渴的情感,开源引才。同时推广先进单位在爱才用才上的经验,报道优秀个人的典型事迹和突出业绩,向全社会和省内外展示余姚重才、爱才、用才的良好环境。

二是明确自身战略定位。近年来,余姚根据自身产业现状和发展趋势进行科学规划和布局,努力挖掘余姚自身产业特色,构建以特色产业为基本框架的人才战略平台。余姚还根据重点产业需求来实施人才聚集工程,结合重点产业发展来完善人才聚集平台,服务重点产业布局来培育人才聚集高地,有针对性地开展高层次人才引进和培育工作,拉长特色产业链条服务。在具体工作中,余姚人才工作通过明确"前瞻思维、危机思维、抢先思维、系统思维"这四个思维,将人才引领发展落到了实处。

三是保持人才战略定力。人才是一种稀缺性资源,与大城市和中心城市相比,县域城市在吸引高层次人才方面,不管是城市影响力,还是经济实力,乃至环境设施等方面,都处于劣势地位,存在较大的差距。因此,余姚实施人才引领发展战略,要充分发挥余姚市的比较优势,推动人才工作差别竞争、错位发展,保持战略耐性和定力,以"静待花开"的耐心,把已有优势扩大为新优势,把潜在优势转化为现实优势,提升余姚核心竞争力。

(二) 推进人才工作政策创新

第一,开放灵活的人才政策。人才是战略资源,流动性是其主要特征之一,这也要求人才工作既要有不见黄河不回头的决心,也要有充分的开放性和灵活性,以此保障政策的可行性。在具体工作中,余姚抓住"活"这一关键词,构建了开放灵活的余姚人才政策体系。一是建立起了开放式的人才网络。二是遵循人才规律灵活施策。如在人才经费的管理方面,进一步提高资金使用的灵活性,赋予领军人才更大的资金支配权,让经费真正为人才的创造性活动服务。正是这些灵活性的措施,确保了余姚人才政策的有效性。

第二,可落地的人才政策。在政策执行链条中,政策制定只是第一步,而政策落实则是政策目标实现的关键。在具体执行中,"政策能落地,说了就能办,来了即兑现",是余姚政策的最大优势。为此,余姚建立了人才工作目标管理考核制度,人才工作联络员制度,层层传递压实工作责任的机制,并在重点乡镇、重点企业建立联络员制度。吸纳重点乡镇(街道)人才工作者及大型规上企业人事专员进入人才工作专职联络员队伍,以此提升人才政策的可感知度和可操作性。

第三,协同性的人才政策。中国是五级行政系统,余姚作为县级市,已经处于政策执行的前端,"上面线条千千万,都要穿到这根针",这也要求余姚在落实人才政策过程中要通过强化人才政策的协同性来确保人才政策落地。在具体的政策执行中,余姚市政府突出经营城市的理念,加快推进内部部门职能整合,通过需求导向、问题导向、任务导向,从人才最关心的事情抓起,从人才最不满意的地方改起,直接发现需求、直接发现问题、直接解决问题、直接提供服务。在依法依规前提下,整合县级市所有资源,让人才受重视、得实惠、有地位。

(三) 做实做足人才精准服务

首先,完善政府服务体系。余姚作为县级市,在发展资源、创业条件、基础设施等硬配套方面往往难以与大都市比拼,但在软环境上下功夫,是赢得人才、留住人才的重要法宝。一是在服务理念上,余姚突出让人才受重视、得实惠、有地位。二是在服务策略上,突出小、大、准。抓"小",即"关键小事";抓"大",即是破解人才创办企业最需要的资金这一瓶颈;抓"准",即是科学分析并全面掌握基层和企业的发展之困以及客观需求。三是在服务体制上,建立"三必访""三必帮"机制,以第一责任人的姿态满足人才成长需求。

其次,建立人才发展平台。引才育才是基础,用好人才是目的。为此,余姚通过两个平台建设,建立起人才发展的平台机制。一是载体平台建设。余姚全市规模以上企业研发机构达到353家,全年新增国家级企业技术中心1家、院士工作站2家、国家级"单项冠军"示范企业2家,完成高新技术产业投资63亿元,全市R&D比重突破2.8%,人才作用发挥的渠道和载体不断拓宽,确保广大人才在企业真正找到用武之地。二是柔性引才平台。近年来,余姚在海外设立引才工作站,在京沪深三地派驻招商引智组,聘请在海外人才圈有较大影响力的专家为"引才大使",不断健全覆盖全球的引才网络。

(四) 明确企业人才主体地位

一是突出企业吸引人才。近年来,余姚深入实施企业人才优先开发战略,强化市场配置人才资源的基础功能,大力推进规上企业研发机构全覆盖三年行动计划。如舜宇集团,作为国内领先的光学产品制造企业,注重引导企业实施"人才强企"策略,指导帮助企业制定了人才股权激励办法,以及"承晖计划""骄阳计划""乘风计划""济海计划"等一系列人才引育计划。该集团现有大专以上学历员工8 000多人,占职工总数的一半左右。再如国家重点人才计划专家吴景晖博士回国后选择在余姚临山镇创业,投资1.2亿元组建成立了宁波创润新材料有限公司,专业从事电子级低氧超高纯钛的开发,目前已经实现了产品的量产,填补了国内空白,大幅降低了生产成本,打破了美日企业的限制和垄断。

二是突出人才管理核心。企业是用人的主体、人才的土壤,企业是一个地方人才工作最关键的细胞、最重要的基地、最核心的动力源。余姚通过激发人才的创新创业的活力,实施柔性用才、外才我用、给人才获得感等多种方式,实现了人才引领发展的内生增长机制。如国家重点人才计划专家姚力军创办的江丰电子材料公司明确提出人才在公司的重要战略地位,视优秀的员工是企业的宝贵财富,提倡员工与企业共同分享发展与成功的成果,为员工提供充分学习与创造的舞台,培养员工优秀的品质与杰出的技能。基于"同创业共成功"的理念,通过建立导师/师傅带岗制、完善员工职业发展通道、多元化成长机会,形成了人才引领发展的工作体系。

(五) 打造人才引领发展环境

第一,优化人才生活自然环境。好的人才环境,才能真正留住人才。余姚市是一座宜居宜业之城,是全国最具幸福感城市之一,山清水秀,地域宽广。近年来,余姚不断加大人才环境建设的投入,不断优化人才工作环境、居住环境、教育环境、医疗环境,把对高层次人才的关心延伸到工作、生活的方方面面,妥善解决高层次人才家属就业问题、子女就学问题等,尽量消除人才后顾之忧,用政策留人、感情留人、事业留人。

第二,打造创业实干文化品牌。余姚是王阳明故乡,"知行合一"是余姚人的文化特质。一是爱国奉献,回馈社会的担当精神。二是具有吃苦耐劳,坚韧不拔的草根精神。三是非禁即入，敢于作为的创新精神。四是小中见大、小题大做的扎实作风。无论是在改革开放初期，还是在建立社会主义市场经济之初，敢为人先、变革图强，是浙江人、浙商内在的基因。

四、中小城市人才引领发展的生态模式内涵

余杭、昆山、余姚，同样作为中小城市，作为长江三角洲的全国经济百强县（区），同样在发展中高度重视人才工作，但由于资源禀赋不同，三个城市的人才工作各有特色，并打造出了不同的人才生态模式。

余杭区紧靠杭州，既有阿里巴巴等大型企业的带动，又有浙江大学等顶尖科研机构的外溢，还有杭州市的城市辐射效应，更重要的是靠近民营经济的集聚地，因此余杭选择了一条以热带季风为特征的人才生态模式，也即紧紧依托杭州这一全球级的互联网创新创业热源，将由杭州吹来的"热带人才季风"截下并落地生根。这也意味着余杭的发展离不开杭州这一热带人才源头，余杭的人才工作重点也即是做好与杭州的经济和人才对接，这是余杭热带季风型人才生态的主要特征。

昆山市紧靠上海和苏州两大城市，大城市的产业外溢效应明显，前期的制造业发展也让昆山积累了一定资金，再加上昆山长期占据全国百强县之首，社会知名度高，因此昆山选择了一条以热带雨林为特征的人才生态模式。昆山处于由上海和苏州等形成的人才和创新热带雨林之中，自身的发展具有热带雨林的连带优势，但这也意味着如果没有相应的政策创新，昆山的成长永远处于热带雨林的底端，只有灌木而没有乔木。昆山也正是认识到了这一问题，通一体化的政策创新，打造出了具有自身特色的人才热带雨林。

余姚作为没有背靠大城市，没有高校、科研机构，没有大型国企和跨国公司，没有国家重大项目，没有国家重大改革先行先试的中小城市，其本身的发展逻辑与余杭和昆山具有很大不同。余杭和昆山的发展都是基于热带性生态特征，本身具有一定得天独厚的发展韧性，这也意味着即便两个城市没有大的政策创新，杭州的热带季风和上海、苏州的热带雨林同样能将两个地方覆盖，

而这种非脆弱性特征是余杭和昆山人才政策和城市发展的基础条件。对于余姚而言,余姚距离长三角的各个经济和人才中心较远,经济和人才发展呈现出了脆弱性的特征。这就好比海洋中的珊瑚,每个珊瑚都是弱小的,都不具备抗风浪、反脆弱的能力,而只有当众多的珊瑚集合在一起,形成了珊瑚礁,这种人才生态的脆弱性才会转化为人才生态的韧性,并展现出其持久的生命力。

余姚在实践中,通过突出人才引领发展战略、提升人才政策执行能力、创新人才精准化服务、强化企业的主体地位、优化人才发展生态环境等措施,将众多如姚力军、甘中学等领军人才积聚起来,并形成了人才创新积聚的珊瑚礁。未来,面对国家区域发展战略的转型,余姚的人才引领发展应该抓住长三角一体化这一国家战略机遇,主动承担起环杭州湾南岸城市布局的机遇,通过更加重视人才在发展中的引领作用,在尊重人才、使用人才、培育人才方面持续发力,将余姚的人才生态优势转化为中小城市发展转型的新动能,为中小城市的发展树立榜样。

高层次人才满意度和重要性评价问卷分析报告

摘 要 为深入分析影响余姚人才发展的主要因素,课题组通过文献查询、内部专家和外部专家多次研讨论证,最终确定了由"高层次人才引进相关政策""政府管理服务和各项政策"和"人才发展环境"三大方面71项因素组成的问卷表上的影响因素组合,其中,"高层次人才引进相关政策"方面的影响因素有10项,"政府管理服务和各项政策"方面的影响因素有17项,"人才发展环境"方面的影响因素有44项。问卷向余姚包括国家及浙江省重点人才计划专家、宁波"3315计划"入选者和硕士及以上学位在内的131位高层次人才进行了调查。从高层次人才的视角看,影响余姚人才发展的12项重大因素包括社会安全状况、居民对教育的重视程度、居民对创新的认识程度等;令人满意的8项因素包括居民对教育的重视程度、社会安全状况、倡导创业的社会氛围等;不太令人满意的4项因素包括国际化社区的建设力度、海外资金与项目引进的效果、工资收入水平、技能类人才招聘的难易程度;亟待解决的9项制约因素包括国际化社区的建设力度、工资收入水平、海外资金与项目引进的效果等。

一、主要研究发现

(一)最具影响的12项重大因素

通过对问卷调查中重要性评价结果进行统计和分析,最终得出影响余姚人才发展因素的排行榜。在71项因素中,有27项因素被认为是对余姚人才发展的影响处在比较重要和非常重要之间,44项因素被认为是对余姚人才发展的影响处在一般和比较重要之间。高层次人才认为余姚人才发展最具影响的 12 项重大因素分别是：

（1）社会安全状况

（2）居民对教育的重视程度

（3）居民对创新的认识程度

（4）社会价值取向

（5）居民对外地人的包容性

（6）倡导创业的社会氛围

（7）资金支持

（8）文化设施状况

（9）社会诚信体系建设

（10）政府的人才战略意识

（11）地区公路/铁路密度

（12）相关政策的透明度

在这 12 项重大因素中,"社会安全状况"位列第一,无疑是余姚高层次人才最为看重的因素。12 项重大因素中只有"资金支持"属于"高层次人才引进相关政策"方面和"政府的人才战略意识"属于"政府管理服务和各项政策"方面,其余 10 项因素都属于"人才发展环境"方面,由此可见高层次人才对"人才发展环境"高度重视。在 10 项人才发展环境因素中,有 7 项属于文化环境因素,2 项属于生活环境,1 项属于法制政策环境,又可见高层次人才对文化环境的重视程度。不难看出,以上 12 项因素在所有 71 项因素里的重要程度最高,是影响余姚人才发展的重大因素。

（二）令人满意的 8 项因素和不太令人满意的 4 项因素

通过对问卷调查中满意度评价结果进行统计和分析,最终得出对影响余姚人才发展各因素实际施行满意情况的排行榜。从评价结果总体来看,影响余姚人才发展因素的 71 项因素中,除了 3 项因素被认为处在比较满意和非常满意之间外,其余各项因素均被认为处在一般和比较满意之间,可以看出,高层次人才对余姚人才发展的期望值比较高;同时也可以看出,余姚的人才工作还有较大的提升空间。高层次人才认为实施满意程度最高的8项因素为:

(1) 居民对教育的重视程度

(2) 社会安全状况

(3) 倡导创业的社会氛围

(4) 居民对外地人的包容性

(5) 居民对创新的认识程度

(6) 社会价值取向

(7) 社会诚信体系建设

(8) 政府的人才战略意识

这8项因素的实施效果得到高层次人才的比较认可。其中,"居民对教育的重视程度""社会安全状况""倡导创业的社会氛围"3项因素的满意度最高,可见高层次人才对这3项因素的实施效果最满意。在这8项因素中,只有最后的"政府的人才战略意识"属于"政府管理服务和各项政策"方面,其余7项因素都属于"人才发展环境"方面,由此可见高层次人才对这些"人才发展环境"因素是相当满意的。在7项人才发展环境因素中,有6项属于文化环境,1项属于生活环境,又可见高层次人才对人才发展环境的满意主要表现在人才发展文化环境上。此外,还可以看出,这8项令人满意的因素都在前面评出的对余姚最具影响的12项重大因素之中。

此外,高层次人才满意程度较低的4项因素分别为:

(1) 国际化社区的建设力度

(2) 海外资金与项目引进的效果

(3) 工资收入水平

(4) 技能类人才招聘的难易程度

这4项因素的实施满意度较低,特别是"国际化社区的建设力度"和"海外资金与项目引进的效果"2项因素的满意度最低。这表明,高层次人才现在已经开始关注余姚人才发展的国际化了,提升余姚人才的全球竞争力已经迫在眉睫。工资收入水平不高、技能类人才招聘难是余姚人才可持续发展面临的大难题,高层次人才对此已经产生了严重的顾虑。不难看出,这4项因素都属于"人才发展环境"领域,其中前2项因素属于海外引才环境,后2项因素属于人力资源市场环境。高层次人才看重的文化环境因素不在最不满意之列。

对于实施满意度比较高的8项因素,余姚还要继续努力提升其满意度。对于实施满意度比较低的4项短板因素,余姚必须下大力气采取实际可行的措施加以改进,尽可能大幅度地提升高层次人才对其实施效果的满意程度。

(三) 亟待解决的9项制约因素

根据对71项影响因素的因素重要性评价和实施满意度评价结果的综合分析判断,最终可以找出既非常重要又很不满意的9项制约余姚人才发展的重大因素。这9项制约因素分别是:

(1) 国际化社区的建设力度

(2) 工资收入水平

(3) 海外资金与项目引进的效果

(4) 医疗服务水平

(5) 基础教育质量

(6) 技能类人才招聘的难易程度

(7) 医疗保障

(8) 金融扶持

(9) 企业经营管理人才的供给水平

以上9项因素是所有71项影响因素中问题较大、亟待突破的重要因素,也是余姚人才工作面临的重要调整因素和主要制约变量。不难看出,前面评出的实施满意程度最低的4项因素也都在其中。"国际化社区的建设力度"和"海外资金与项目引进的效果"分列制约因素的第1位和第3位,说明余姚人才发展的道路要搏上世界的潮流,要想提升人才的全球竞争力,加大国际化社区的建设力度和改善提升海外资金与项目引进的效果现在就必须给予充分重视。余姚目前"工资收入水平""医疗服务水平""基础教育质量""医疗保障"

和"金融扶持"等因素也都是影响大批量高素质人才引进的重大制约因素,必须下决心稳步提升,统筹解决。技能类人才招聘难和企业经营管理人才供给不足两大问题,是制约余姚经济发展和企业升级换代的重大问题,若不能及时加以解决,不仅将影响余姚的人才发展,而且必将影响余姚经济社会的可持续发展。

基于对以上制约因素的归纳总结、分类整合,可以看到,影响余姚人才发展的制约因素主要涉及"人才发展环境"和"高层次人才引进相关政策"两个方面。在"人才发展环境"方面,制约因素主要涉及"海外引才环境""人力资源市场环境"和"生活环境"三个领域。

基于此,课题组认为余姚人才工作的重点今后主要应该放在优化和改善人才发展的环境建设上。在人才发展环境建设中,首先要重视海外引才环境的建设,加大国际化社区的建设力度和改善提升海外资金与项目引进的效果。其次要重视人力资源市场环境的建设,下决心解决工资收不高、技能类人才招聘难和企业经营管理人才供给不足问题。再次要重视生活环境的建设,努力提高余姚医疗保障、服务水平和基础教育质量,为进一步集聚海内外高层次人才创造更好的生活条件。此外还要进一步完善高层次人才引进相关政策,加大对高层次专家的金融扶持力度,简化金融扶持程序,提高金融扶持效果,为高层次专家的创新创业提供更加优良的政策条件支持。

二、重要因素评价

(一)高层次人才引进相关政策重要程度评价

为了找出影响余姚市高层次人才引进相关政策效能的主要因素,课题组首先通过文献查询、专题研讨和专家征询,形成了由10项关键指标构成的指标体系,并面向包括高层次人才在内的人才代表和用人单位负责人进行了调查,以下分析基于高层次人才的调查结果。基于对高层次人才的调查结果,我们对余姚高层次人才引进相关政策的实施效果的重要程度进行了排名。在这10项关键指标中,有3项指标被高层次人才认为处在比较重要和非常重要之间(均值≥4),其余7项指标被高层次人才认为处在一般和比较重要之间(4>

均值≥3)。重要性排名前三位的分别为:资金支持,创业资助,知识产权保护政策。以上3项指标在所有10项指标里的重要程度较高,是影响余姚市高层次人才引进相关政策效能的重大因素。

表1 高层次人才对余姚市"高层次人才引进相关政策"的重要程度均值及排名

序号	指标名称	重要性均值	排名
1	资金支持	4.081	1
2	创业资助	4.034	2
3	知识产权保护政策	4.034	3*
4	金融扶持	3.975	4
5	医疗保障	3.952	5
6	子女入学	3.874	6
7	生活补贴	3.855	7
8	人才公寓	3.847	8
9	落户居住	3.829	9
10	办公场所	3.779	10

注:本调查重要性均值最高得分为5分。

(二) 政府管理服务和各项政策重要程度评价

为了找出影响余姚市政府管理服务和各项政策效能的主要因素,课题组首先通过文献查询、专题研讨和专家征询,形成了由5个维度(政府人才战略、人才政策创新、人才精准服务、企业主体作用和文化氛围营造)、17项关键指标构成的指标体系,并面向包括高层次人才在内的人才代表和用人单位负责人进行了调查,以下分析基于高层次人才的调查结果。基于对高层次人才的调查结果,对余姚市政府管理服务和各项政策的实施效果的重要程度进行排名。在这17项关键指标中,有4项指标被高层次人才认为处在比较重要和非常重要之间(均值≥4),其余13项指标被高层次人才认为处在一般和比较重要之间(4>均值≥3)。重要性排名前十位的分别为:战略意识,战略思维,战

---

* 为方便统计,本书并列的均值均分开排列。

略能力、战略定力、政策的开放性、政策的协同性、政府服务效率、政策的灵活性、政策的落地性、人才发展平台。以上10项指标在所有17项指标里的重要程度较高，是影响余姚市政府管理服务和各项政策效能的重大因素。

表2 高层次人才对余姚市"政府管理服务和各项政策"的重要程度均值及排名

指标维度	指标名称	重要性均值	排名
政府人才战略	战略意识	4.059	1
政府人才战略	战略思维	4.033	2
政府人才战略	战略能力	4.008	3
政府人才战略	战略定力	4.008	4
人才政策创新	政策的开放性	3.984	5
人才政策创新	政策的协同性	3.975	6
人才精准服务	政府服务效率	3.959	7
人才政策创新	政策的灵活性	3.934	8
人才政策创新	政策的落地性	3.918	9
人才精准服务	人才发展平台	3.910	10
企业主体作用	企业创新战略	3.893	11
文化氛围营造	崇实社会氛围	3.893	12
企业主体作用	企业用人模式	3.874	13
人才精准服务	社会服务体系	3.869	14
文化氛围营造	人才价值引领	3.851	15
企业主体作用	企业分配制度	3.815	16
文化氛围营造	传统人文优势	3.795	17

（三）人才发展环境重要维度评价

本调查将人才发展环境分为7个维度，分别为经济发展环境、人力资源市场环境、政务环境、生活环境、文化环境、法制政策环境和海外引才环境。在7个维度下包括44个关注指标。从高层次人才对人才发展环境评价总体上看，重要性排在前三位分别为文化环境（4.084）、法制政策环境（4.030）、生活环境（4.024）。在这44项关键指标中，有20项指标被高层次人才认为处在比较重要和非常重要之间(均值≥4),其余24项指标被高层次人才认为处在一般和比较重要之间(4>均值≥3)。重要性排名前十位的分别为:社会安全状况,居民对教育的重视程度,居民对创新的认识程度,社会价值取向,居民对外地人的包容性,倡导创业的社会氛围,文化设施状况,社会诚信体系建设,地区公路/铁路密度,相关政策的透明度。以上10项指标在所有44项指标里的重要程度较高,是影响余姚市人才发展环境的重大因素。

表3 人才发展环境重要维度构成表

重要维度	关注指标
经济发展环境	产业结构与经济发展的适应性、产业结构转型效果、主导产业成熟度、主导产业的集聚度、主导产业的影响力、主导产业的发展前景、经济发展水平
人力资源市场环境	普通劳动力的受教育程度、高层次人才引进的难易程度、技能类人才招聘的难易程度、企业经营管理人才的供给水平、人力资源服务机构的服务水平、人力资源市场监督与保护水平、工资收入水平
政务环境	政府部门监管力度、政府部门监管能力、政府部门监管效率、政府部门的官僚作风
生活环境	环境保护状况、公共交通状况、医疗服务水平、基础教育质量、地区公路/铁路密度、社会安全状况、住房保障水平
文化环境	社会诚信体系建设、文化设施状况、社会人才观念、社会价值取向、城市交往信任程度、居民对外地人的包容性、居民对教育的重视程度、居民对创新的认识程度、倡导创业的社会氛围
法制政策环境	法律法规执行力度、相关政策的完备性、相关政策的稳定性、相关政策的可操作性、相关政策的透明度、相关政策的有效性
海外引才环境	海外人才引进的效果、海外资金与项目引进的效果、国际化社区的建设力度和居民对外国人及文化的包容性

表4 高层次人才对余姚市人才发展环境的重要程度均值及排名

序号	指标名称	重要性均值	排名
1	社会安全状况	4.294	1
2	居民对教育的重视程度	4.291	2
3	居民对创新的认识程度	4.138	3
4	社会价值取向	4.137	4
5	居民对外地人的包容性	4.128	5
6	倡导创业的社会氛围	4.085	6

激发人才创新活力的"余姚生态"

续表

序号	指标名称	重要性均值	排名
7	文化设施状况	4.069	7
8	社会诚信体系建设	4.068	8
9	地区公路/铁路密度	4.059	9
10	相关政策的透明度	4.059	10
11	主导产业的发展前景	4.051	11
12	公共交通状况	4.051	12
13	相关政策的有效性	4.051	13
14	相关政策的稳定性	4.042	14
15	政府部门监管效率	4.034	15
16	产业结构与经济发展的适应性	4.018	16
17	相关政策的完备性	4.017	17
18	住房保障水平	4.008	18
19	相关政策的可操作性	4.008	18
20	法律法规执行力度	4.000	20
21	经济发展水平	3.992	21
22	社会人才观念	3.967	22
23	环境保护状况	3.931	23
24	医疗服务水平	3.925	24
25	主导产业的影响力	3.922	25
26	主导产业的集聚度	3.915	26
27	海外人才引进的效果	3.905	27
28	基础教育质量	3.899	28
29	产业结构转型效果	3.877	29
30	城市交往信任程度	3.875	30
31	主导产业成熟度	3.872	31
32	政府部门监管力度	3.863	32
33	高层次人才引进的难易程度	3.849	33
34	人力资源市场监督与保护水平	3.828	34
35	企业经营管理人才的供给水平	3.822	35
36	人力资源服务机构的服务水平	3.812	36

续表

序号	指标名称	重要性均值	排名
37	政府部门监管能力	3.800	37
38	普通劳动力的受教育程度	3.798	38
39	工资收入水平	3.793	39
40	技能类人才招聘的难易程度	3.765	40
41	国际化社区的建设力度	3.701	41
42	居民对外国人及文化的包容性	3.692	42
43	政府部门的官僚作风	3.632	43
44	海外资金与项目引进的效果	3.620	44

（四）所有影响因素重要程度综合评价

综合上述高层次人才引进相关政策（10个因素）、政府管理服务和各项政策（17个因素）和人才发展环境（44个因素）进行综合排名。在这71项关键因素中，有27个因素被高层次人才认为处在比较重要和非常重要之间（均值≥4），其余指标均被高层次人才认为处在一般和比较重要之间（4>均值≥3）。综合而言，重要性排名前十位的分别为：社会安全状况，居民对教育的重视程度，居民对创新的认识程度，社会价值取向，居民对外地人的包容性，倡导创业的社会氛围，倡导创业的社会氛围，文化设施状况，社会诚信体系建设，战略意识。以上10项指标在所有71项影响因素里的重要程度较高，是影响余姚市人才工作效能的重大因素。

表5 高层次人才对所有影响因素重要程度均值综合排名（均值≥4）

序号	指标名称	重要性均值	排名
1	社会安全状况	4.294	1
2	居民对教育的重视程度	4.291	2
3	居民对创新的认识程度	4.138	3
4	社会价值取向	4.137	4
5	居民对外地人的包容性	4.128	5

续表

序号	指标名称	重要性均值	排名
6	倡导创业的社会氛围	4.085	6
7	资金支持	4.081	7
8	文化设施状况	4.069	8
9	社会诚信体系建设	4.068	9
10	战略意识	4.059	10
11	地区公路/铁路密度	4.059	11
12	相关政策的透明度	4.059	12
13	主导产业的发展前景	4.051	13
14	公共交通状况	4.051	14
15	相关政策的有效性	4.051	15
16	相关政策的稳定性	4.042	16
17	创业资助	4.034	17
18	知识产权保护政策	4.034	18
19	政府部门监管效率	4.034	19
20	战略思维	4.033	20
21	产业结构与经济发展的适应性	4.018	21
22	相关政策的完备性	4.017	22
23	战略能力	4.008	23
24	战略定力	4.008	24
25	住房保障水平	4.008	25
26	相关政策的可操作性	4.008	26
27	法律法规执行力度	4.000	27

三、满意因素评价

（一）高层次人才引进相关政策满意程度评价

基于对高层次人才的调查结果，对余姚市高层次人才引进相关政策的实施效果的满意度进行排名。在这 10 项关键指标中,各项指标均被高层次人才认为处在一般和比较满意之间(4＞均值≥3)。满意度排名前三位的分别为:(1)知识产权保护政策;(2)资金支持;(3)落户居住。这 3 项指标得到高层次人才的认可程度相对较高,而高层次人才对医疗保障、生活补贴、人才公寓这三项指标的认可度相对偏低。

表 6　高层次人才对余姚市高层次人才引进相关政策的满意程度均值及排名

序号	指　标　名　称	满意度均值	排名
1	知识产权保护政策	3.775	1
2	资金支持	3.774	2
3	落户居住	3.773	3
4	办公场所	3.729	4
5	创业资助	3.664	5
6	子女入学	3.651	6
7	金融扶持	3.613	7
8	医疗保障	3.602	8
9	生活补贴	3.602	8
10	人才公寓	3.602	8

(二) 政府管理服务和各项政策满意程度评价

基于对高层次人才的调查结果,对余姚市政府管理服务和各项政策的实施效果的满意度进行排名。在这 17 项关键指标中,各项指标均被高层次人才认为处在一般和比较满意之间(4＞均值≥3)。满意度排名前十位的分别为:战略意识,战略思维,战略定力,政策的开放性,战略能力,政府服务效率,人才发展平台,企业创新战略,社会服务体系,传统人文优势。这 10 项指标得到高层次人才的认可程度相对较高,而高层次人才对企业分配制度、政策的协同性和企业用人模式这三项指标的认可度相对偏低。

激发人才创新活力的"余姚生态"

表7 高层次人才对余姚市政府管理服务和各项政策的满意程度均值及排名

指标维度	指标名称	满意度均值	排名
政府人才战略	战略意识	3.899	1
政府人才战略	战略思维	3.891	2
政府人才战略	战略定力	3.891	3
人才政策创新	政策的开放性	3.891	4
政府人才战略	战略能力	3.882	5
人才精准服务	政府服务效率	3.849	6
人才精准服务	人才发展平台	3.782	7
企业主体作用	企业创新战略	3.782	8
人才精准服务	社会服务体系	3.782	9
文化氛围营造	传统人文优势	3.775	10
文化氛围营造	人才价值引领	3.767	11
文化氛围营造	崇实社会氛围	3.758	12
人才政策创新	政策的灵活性	3.756	13
人才政策创新	政策的落地性	3.731	14
企业主体作用	企业分配制度	3.712	15
人才政策创新	政策的协同性	3.706	16
企业主体作用	企业用人模式	3.706	17

(三) 人才发展环境满意程度评价

从高层次人才对人才发展环境评价的总体上看,满意度排在前三位的分别为文化环境(3.919)、法制政策环境(3.822)、经济发展环境(3.782)。在这44项关键指标中,有3项指标被高层次人才认为处在比较满意和非常满意之间(均值≥4),其余41项指标被高层次人才认为处在一般和比较满意之间(4＞均值≥3)。满意度排名前十位的分别为:居民对教育的重视程度,社会安全状况,倡导创业的社会氛围,居民对外地人的包容性,居民对创新的认识程度,社会价值取向,社会诚信体系建设,产业结构与经济发展的适应性,相关政策的有效性,经济发展水平。高层次人才对这10项指标的满意程度相对较高,而高层次人才对工资收入水平、海外资金与项目引进的效果、国际化社区的建设力度的满意度相对偏低。

表8 高层次人才对余姚市人才发展环境的满意程度均值及排名

序号	指标名称	满意度均值	排名
1	居民对教育的重视程度	4.077	1
2	社会安全状况	4.076	2
3	倡导创业的社会氛围	4.009	3
4	居民对外地人的包容性	3.983	4
5	居民对创新的认识程度	3.922	5
6	社会价值取向	3.906	6
7	社会诚信体系建设	3.906	7
8	产业结构与经济发展的适应性	3.877	8
9	相关政策的有效性	3.872	9
10	经济发展水平	3.858	10
11	相关政策的稳定性	3.840	11
12	环境保护状况	3.836	12
13	社会人才观念	3.835	13
14	相关政策的完备性	3.832	14
15	海外人才引进的效果	3.828	15
16	城市交往信任程度	3.825	16
17	法律法规执行力度	3.817	17
18	文化设施状况	3.810	18
19	地区公路/铁路密度	3.807	19
20	住房保障水平	3.805	20
21	相关政策的可操作性	3.798	21
22	产业结构转型效果	3.781	22
23	相关政策的透明度	3.771	23
24	主导产业的影响力	3.767	24
25	政府部门监管效率	3.761	25
26	政府部门监管力度	3.752	26
27	主导产业的集聚度	3.744	27
28	主导产业的发展前景	3.735	28
29	主导产业成熟度	3.709	29

续表

序号	指标名称	满意度均值	排名
30	公共交通状况	3.675	30
31	政府部门监管能力	3.675	31
32	高层次人才引进的难易程度	3.664	32
33	普通劳动力的受教育程度	3.622	33
34	人力资源市场监督与保护水平	3.621	34
35	人力资源服务机构的服务水平	3.598	35
36	企业经营管理人才的供给水平	3.585	36
37	医疗服务水平	3.575	37
38	基础教育质量	3.571	38
39	居民对外国人及文化的包容性	3.550	39
40	政府部门的官僚作风	3.530	40
41	技能类人才招聘的难易程度	3.529	41
42	工资收入水平	3.512	42
43	海外资金与项目引进的效果	3.455	43
44	国际化社区的建设力度	3.444	44

（四）所有影响因素满意程度综合评价

综合上述高层次人才引进相关政策、政府管理服务和各项政策和人才发展环境等71项关键因素,有3个因素被高层次人才认为处在比较满意和非常满意之间(均值≥4),其余指标均被高层次人才认为处在一般和比较满意之间(4>均值≥3)。综合而言,满意度排名前十位的分别为:居民对教育的重视程度,社会安全状况,倡导创业的社会氛围,居民对外地人的包容性,居民对创新的认识程度,社会价值取向,社会诚信体系建设,战略意识,战略思维,战略定力。以上10项指标在所有71项影响因素里的满意程度相对较高,而高层次人才对工资收入水平、海外资金与项目引进的效果、国际化社区的建设力度等十项因素的满意度相对偏低,在以后的人才工作中要引起足够重视。

表9 高层次人才对所有影响因素满意程度均值综合排名(排名前十位)

序号	指标名称	满意度均值	排名
1	居民对教育的重视程度	4.077	1
2	社会安全状况	4.076	2
3	倡导创业的社会氛围	4.009	3
4	居民对外地人的包容性	3.983	4
5	居民对创新的认识程度	3.922	5
6	社会价值取向	3.906	6
7	社会诚信体系建设	3.906	7
8	战略意识	3.899	8
9	战略思维	3.891	9
10	战略定力	3.891	10
11	政策的开放性	3.891	11

表10 高层次人才对所有影响因素满意程度均值综合排名(排名后十位)

序号	指标名称	满意度均值	排名
1	国际化社区的建设力度	3.444	1
2	海外资金与项目引进的效果	3.455	2
3	工资收入水平	3.512	3
4	技能类人才招聘的难易程度	3.529	4
5	政府部门的官僚作风	3.53	5
6	居民对外国人及文化的包容性	3.55	6
7	基础教育质量	3.571	7
8	医疗服务水平	3.575	8
9	企业经营管理人才的供给水平	3.585	9
10	人力资源服务机构的服务水平	3.598	10

四、制约因素评价

(一)高层次人才引进相关政策制约程度评价

所谓"制约程度",既与满意程度有关,也与重要程度有关。相对而言,重要程度高而满意程度低的因素是关键的制约因素。本报告有关制约程度的计算,首先要计算出该项因素的不满意程度(5-满意度),然后计算出该项因素的重要权重(重要性程度/5*100%),最后两者相乘得出,具体见公式(1)。

$$制约程度 = (重要性程度/5 \times 100\%)(5-满意度) \tag{1}$$

基于对高层次人才的调查结果,对高层次人才引进相关政策的实施效果的制约程度进行排名。在这10项关键指标中,制约程度排名前三位的分别为:医疗保障;金融扶持;创业资助。这3项指标对高层次人才引进政策的实施效果的制约程度相对较高,其中"医疗保障"制约程度最大,未来需重点关注。

表11 高层次人才对余姚市高层次人才引进相关政策的制约程度均值及排名

序号	指标名称	制约程度均值	排名
1	医疗保障	1.105	1
2	金融扶持	1.103	2
3	创业资助	1.078	3
4	生活补贴	1.078	4
5	人才公寓	1.076	5
6	子女入学	1.045	6
7	资金支持	1.001	7
8	知识产权保护政策	0.988	8
9	办公场所	0.961	9
10	落户居住	0.940	10

(二) 政府管理服务和各项政策制约程度评价

基于对高层次人才的调查结果,对余姚市政府管理服务和各项政策的实施效果的制约程度进行排名。在这17项关键指标中,重要性和满意度的差值排名前十位的分别为:政策的协同性,企业用人模式,政策的落地性,企业分配制度,政策的灵活性,崇实社会氛围,人才发展平台,人才价值引领,企业创新战略,社会服务体系。这10项因素对政府管理服务和各项政策的实施效果的制约程度相对较高,其中"政策的协同性"制约程度最大,未来需重点关注。

表 12 高层次人才对余姚市政府管理服务和各项政策的制约程度均值及排名

指标维度	指标名称	制约程度均值	排名
人才政策创新	政策的协同性	1.029	1
企业主体作用	企业用人模式	1.003	2
人才政策创新	政策的落地性	0.994	3
企业主体作用	企业分配制度	0.983	4
人才政策创新	政策的灵活性	0.979	5
文化氛围营造	崇实社会氛围	0.967	6
人才精准服务	人才发展平台	0.952	7
文化氛围营造	人才价值引领	0.950	8
企业主体作用	企业创新战略	0.948	9
人才精准服务	社会服务体系	0.942	10
文化氛围营造	传统人文优势	0.930	11
人才精准服务	政府服务效率	0.911	12
政府人才战略	战略能力	0.896	13
政府人才战略	战略思维	0.895	14
政府人才战略	战略意识	0.894	15
政府人才战略	战略定力	0.889	16
人才政策创新	政策的开放性	0.884	17

(三) 人才发展环境制约程度评价

从高层次人才对人才发展环境评价的总体上看,在这 44 项关键指标中,重要性和满意度的差值排名前十位的分别为:国际化社区的建设力度,工资收入水平,医疗服务水平,海外资金与项目引进的效果,基础教育质量,技能类人才招聘的难易程度,企业经营管理人才的供给水平,公共交通状况,居民对外国人及文化的包容性,人力资源服务机构的服务水平。这 10 项指标对目前余姚市人才发展环境的制约程度相对较高,其中"国际化社区的建设力度"制约程度最大，未来需重点关注。

表 13 高层次人才对余姚市人才发展环境的制约程度均值及排名

序号	指标名称	重要性和满意度差值均值	排名
1	国际化社区的建设力度	1.152	1
2	工资收入水平	1.129	2
3	医疗服务水平	1.119	3
4	海外资金与项目引进的效果	1.119	4
5	基础教育质量	1.114	5
6	技能类人才招聘的难易程度	1.108	6
7	企业经营管理人才的供给水平	1.082	7
8	公共交通状况	1.074	8
9	居民对外国人及文化的包容性	1.071	9
10	人力资源服务机构的服务水平	1.069	10
11	政府部门的官僚作风	1.068	11
12	人力资源市场监督与保护水平	1.056	12
13	普通劳动力的受教育程度	1.047	13
14	高层次人才引进的难易程度	1.028	14
15	主导产业的发展前景	1.025	15
16	政府部门监管能力	1.007	16
17	主导产业成熟度	1.000	17
18	政府部门监管效率	1.000	18
19	相关政策的透明度	0.998	19
20	主导产业的集聚度	0.983	20
21	地区公路/铁路密度	0.968	21
22	文化设施状况	0.968	22
23	主导产业的影响力	0.967	23
24	政府部门监管力度	0.964	24
25	相关政策的可操作性	0.964	25
26	住房保障水平	0.958	26

续表

序号	指标名称	重要性和满意度差值均值	排名
27	法律法规执行力度	0.946	27
28	产业结构转型效果	0.945	28
29	相关政策的完备性	0.938	29
30	相关政策的稳定性	0.938	30
31	社会人才观念	0.924	31
32	海外人才引进的效果	0.915	32
33	环境保护状况	0.915	33
34	相关政策的有效性	0.914	34
35	经济发展水平	0.912	35
36	城市交往信任程度	0.911	36
37	社会价值取向	0.905	37
38	产业结构与经济发展的适应性	0.902	38
39	居民对创新的认识程度	0.892	39
40	社会诚信体系建设	0.890	40
41	居民对外地人的包容性	0.840	41
42	倡导创业的社会氛围	0.810	42
43	社会安全状况	0.794	43
44	居民对教育的重视程度	0.792	44

（四）所有影响因素制约程度综合评价

综合上述高层次人才引进相关政策、政府管理服务、各项政策和人才发展环境等71项关键因素，制约程度排名前十位的分别为：国际化社区的建设力度，工资收入水平，医疗服务水平，海外资金与项目引进的效果，基础教育质量，技能类人才招聘的难易程度，医疗保障，金融扶持，企业经营管理人才的供给水平，创业资助。以上10项指标是所有71项影响因素问题较大、亟须突破的重要因素，也是余姚人才工作面临的重要调整和主要的制约变量。

表 14 高层次人才对所有影响因素制约程度均值综合排名(排名前十位)

序号	指标名称	满意度均值	排名
1	国际化社区的建设力度	1.152	1
2	工资收入水平	1.129	2
3	医疗服务水平	1.119	3
4	海外资金与项目引进的效果	1.119	4
5	基础教育质量	1.114	5
6	技能类人才招聘的难易程度	1.108	6
7	医疗保障	1.105	7
8	金融扶持	1.103	8
9	企业经营管理人才的供给水平	1.082	9
10	创业资助	1.078	10

突出企业主体地位，唱好人才引领大戏

摘　要　企业是用人的主体，中小城市人才引领发展的关键在于充分发挥企业用人主体的作用，而余姚唱好人才引领发展的一台大戏，真正的主角是企业。调查发现，余姚企业登台唱主角的人才工作新格局已经显现，表现在余姚实现了经济发展动力的转变、政府工作着力点的转变、用人主体地位的转变、企业管理方式的转变等"四个转变"以及企业主角已经唱响余姚人才引领发展大戏。新格局的显现，根本原因是政府、企业、企业家"三位一体"模式初步形成，一是政府建立了充分发挥企业人才主体作用的新机制，二是企业建立了以人才为管理核心的新模式，三是企业家建立了始终坚持以"人才第一"为理念的新实践。新格局和"三位一体"模式具有时代特征和余姚特色，在本身具有价值的同时，对其他中小城市人才引领发展有着重要的借鉴意义。

企业是用人的主体、人才的土壤，企业是一个地方人才工作最关键的细胞、最重要的基地、最核心的动力源。硅谷的发展，是创新创业生态的结果，更是构成硅谷的每个企业主体用人的结果。中小城市人才引领发展的关键在于充分发挥企业用人主体的作用，突出以用为本。政府策划、引导、扶持、服务，是搭台铺场，拉幕打灯，敲锣打鼓，送茶续水。余姚是怎样突出企业人才主体作用地位，发挥企业用人主体作用，实现人才引领发展战略的呢？我们经过调查研究发现，余姚发挥企业用人主体作用的人才工作新格局已经显现，企业发挥用人主体作用的"三位一体"模式已经初步形成。

激发人才创新活力的"余姚生态"

一、人才工作新格局：企业登台唱主角

（一）"四个转变"开创人才工作新格局

党的十九大报告强调，要"让各类人才的创造活力竞相迸发、聪明才智充分涌流"。要想做到"充分激发各类人才的创造活力"，固然要在全社会大兴识才、爱才、敬才、用才之风，开创人人皆可成才、人人尽展其才的生动局面，但更重要的是要把人才工作贯通到用人基层，调动用人主体尤其是企业聚才用才的积极性，充分激发企业的用人活力。余姚发挥企业主体作用的人才工作新格局显现，是政府、企业、社会等各方面人才工作的综合效应，主要表现在初步实现"四个转变"。

1. 经济发展动力的转变

新时期，我国经济发展进入新常态，原有的以物质和劳动力投入为主的"旧动能"难以为继，内生动力明显不足，转型发展需要"动力转换"。余姚也不例外，面对原有的低成本优势、民营经济体制优势、开放型经济优势不断丧失，发展过程中的体制性、资源性等矛盾日益突出，在"谁因循守旧，谁就会被淘汰；谁不转变发展方式，谁就将处于劣势"的危机感下，抓住新一轮科技革命的历史性机遇，紧紧把握住了人才引领发展的时代脉搏，把国内外最新、最好的发展元素——高端人才引入，使经济发展方式从要素、投资驱动型向人才、创新驱动型转变，人才经济已经成为当前余姚主要的经济发展方式。

2. 政府工作着力点的转变

随着我国经济"从高速增长到高质量发展"的根本转变，人才引领发展已经成为共识。各地政府在人才引进上争先恐后、不遗余力，但大都直接以人才、项目为着力点，忽略了用人主体的作用，导致"想要的进不来，进来的用不上"的现象时有存在。余姚政府人才工作较早地调整了重心，把人才发展的着力点逐步转移到企业用人主体上，建立起以企业为主体、创新为先导、产学研深度融合的人才发展体系，使市场在人才资源配置中起决定性作用和更好发挥政府作用进一步得到协同。

3. 用人主体地位的转变

在我国社会主义市场经济的建立过程中,用人单位的主体地位是逐步得到确立的。即使到目前,各地党委、政府对用人单位主体地位的确立,对用人单位用人自主权的认同度和落实力度都还千差万别。用人单位成为人才集聚主体、配置主体和利益主体,还有许多限制条件。而余姚企业较早地确立了用人主体地位,着力夯实创新发展的人才基础,根据企业自身的发展需要自主引进、培养和使用人才,为优秀人才打造创新平台、集聚创新要素,激发他们迸发创造活力,让优秀人才"名利双收",得到合理回报,用人主体地位得到明显的转变。

4. 企业管理方式的转变

科学技术带来的产业变革,正催生着企业管理方式的革新。传统的管理方式以物为主、以人力资源为主、以岗位为主。而在人才经济时代,人才是企业发展的新"动能",将"人才动能"转化为"创新势能",是企业面临的重要挑战。余姚的企业做到未雨绸缪,较早地拥抱新的人才理念,以柔性管理、核心员工、人才资本投资、心理契约为管理手段,企业管理的核心从人力资源管理的方式转向以人才管理为核心的管理方式,较好地做到人才资本的积累和释放人才供给侧潜能,实现以人才战略驱动的企业创新。

(二) 企业主角唱响余姚人才发展大戏

1. 企业引育人才总量快速增长,促进经济社会高质量发展

余姚全市 2011 年人才资源总量为 19.2 万人,其中高层次人才 3 256 人,2018 人才资源总量为已达 30.8 万,其中高层次人才突破 6 000 人。近年来余姚企业自主引进的硕士研究生及以上学历人才占全部引进人才的 90% 以上。2018 年新增的 236 名高层次人才中,90% 由企业引进。舜宇集团 2018 届大学生招聘人数达 2 000 余人。

正是由于企业发挥人才主体作用,主动外引内培各类人才,使得人才总量和高层次人才数量快速增长,引领企业高质量发展的同时,促进了余姚经济社会的高质量发展。2018 年余姚全国综合实力百强县、县域经济基本竞争力排

名分别为第13位和第14位,第9次获评中国最具幸福感城市。

2. 高新技术企业以才引才、以才引产,人才创新创业如火如荼

目前,余姚高新技术企业以才引才、以才引产已经蔚然成风,高端人才创新创业如火如荼,高层次人才创办的300多家企业已经发展为引领余姚经济结构转型和发展战略性新兴产业的生力军,全市纳税百强榜中已有不少海外留学人才创办企业的身影,他们自主研发的项目和产品已经成为"余姚创造"的杰出代表。

3. 规上工业企业以人才管理为抓手,引领企业转型升级壮大

余姚全市2011年规模以上工业企业有990家,2018年增至1 197家,规模以上工业企业新产品产值率达到42.6%;纳税百强企业中,总额第一的为79 924万元,第100名为1 550万元。余姚本土企业效率的提升、规模的增长、结构的升级,紧紧抓住了企业人才管理这一根本,从人员支撑企业发展到人才引领企业发展,实现企业的转型升级壮大。

如舜宇集团成立于1984年,是余姚土生土长的企业,2007年6月15日在香港联交所主板上市,是首家在香港红筹上市的国内光学企业。2018年公司销售额达到260亿元,荣获财富中国企业500强单列第330位。舜宇公司35年创业史,一直重视人才引进工作。从创业初期引进人才开始,引进的人才多数已成为舜宇的中坚力量,目前,整个集团副总经理以上高管33人,从外地引进的占总数80%左右。公司人才数量10 559人,硕士研究生及以上学历960人,本科学历4 652人。良好的人才发展态势,有力地引领企业发展转型升级壮大。

4. 中小企业吸纳人才能力强,民营经济韧性发展支撑有力

2018年,余姚全市新设立内资企业5 073户,内资企业实有35 286户,新设立个体工商户14 985户,实有个体工商户85 902户。2018年全市新增各类人才2.57万人中有一半以上进入了中小企业或是自己创业。按2018年末全市户籍人口836 306人计算,平均23.7人一家企业或9.7人一户个体工商户。按常住人口1 142 000人计算,平均9.4人一家企业或一个个体工商户。

中小企业是余姚经济的重要主体,在吸纳人才、扩大就业方面发挥出日益重要的优势和作用。大量的各种类型的人才加盟中小企业创新创业,使得中

小企业成为余姚民营经济最重要的底盘,也是余姚民营经济"反脆弱性"的根本保证,有力地支撑了余姚民营经济韧性发展。

余姚形成以企业唱主角的人才工作新格局,固然有着众多的原因,但根本原因是政府的引导推动作用、企业的自觉主动作用、企业家的先导引领作用形成的合力效应,政府、企业、企业家"三位一体"模式初步形成。

二、 政府新机制:充分发挥企业人才主体作用

企业是人才依附的主体,也是众多人才政策的最初出发点和最终落脚点。近年来,余姚在社会经济发展中,政府始终坚持人才引领企业发展理念,着力建立发挥企业人才主体作用机制,取得良好效果。

(一) 坚持人才引领企业发展的理念,树立企业主体作用意识

余姚市人才工作坚持人才引领企业发展的理念,以高标准做好企业"引育用留"人才等各环节的服务工作,把为企业招才引智作为"一号工程",确立"百企百'千人'"的工作目标,以人才工作专项述职和人才工作专项考核为抓手,层层压实责任。"抓人才就是抓发展、兴人才就是兴余姚"已成为全市上下的共识。

实践中,积极引导企业深刻认识"人才强企"的重大意义,进一步筑牢"人才是企业兴衰之基、发展之本"的意识,帮助企业找准制约企业快速发展壮大的人才短板,算清"投资人才"的长远账目,深度挖掘企业对人才的现实需求,增强企业对人才工作的紧迫感和主动性。同时还加大对"低小散"企业和落后产能的整治力度,倒逼企业通过人才的更替升级来提高管理水平、强化技术创新、加快产品升级。重点扶持一批创新型、人才密集型样板企业,加大样板企业在人才战略、人才投资、人才管理等方面成功经验的宣传力度,促使形成示范效应。

(二) 坚持以人才资本投资,引领企业高质量发展

余姚市先后出台"3个500万""4个500万"政策,为智能经济领域人才

专设10亿政策资金、百亿产业基金。牢牢抓住大批海归精英回国创业创新的机遇,不断加大对企业引进海外高层次人才的砝码,对申报并成功入选国家、省重点人才计划专家和宁波"3315"个人计划的企业,分别给予200万、100万和50万奖励。目前,已累计发放奖励资金6 100万元。从日本归国的创业人才刘炳宪,正是得益于"3个500万"政策支持,创办的生物医疗公司实现了快速发展,短短4年时间,主导产品全自动数字切片扫描仪已占领全国30%的市场份额。

大力扶持企业积极利用"洋专家"的技术和经验帮助捅破技术和管理上的"窗户纸"在宁波补助政策基础上,再给予每项一次性1万至3万元补助,同时对企业引进"海外工程师"实行年薪资助,一次性给予企业每人10万至30万元奖励。目前,已累计聘请138名海外工程师,发放补助资金1 732.5万元,海外工程师队伍逐渐成为企业开拓海外市场的生力军。如在意大利马洽如博士的带领下,宁波丰茂橡胶的产品成功获得国际定价权,企业产值实现年均70%的增长。

对企业引进的硕士(副高)、博士(正高)分别补贴15万元、30万元;对企业参加政府组织的外出招聘活动的费用由市财政给予补助;对到余姚中小微企业就业的专科、本科及以上人才分别给予3 600元、6 000元一次性就业补贴。如舜宇集团已经连续10多年赴国内各大高校参加校园招聘,累计招收4 000余位应届毕业生进入人才储备库,建立了一个层次分明的人才梯队。同时,鼓励企业通过技术创新团队吸纳人才,目前全市已有企业技术创新团队16家,集聚创新研发人才1 085人。

(三) 坚持以人才供给侧改革,促进企业转型升级

余姚人才工作中,有效地进行了人才供给侧结构性改革,促进了企业发展转型升级。一是强化人才政策供给,解放和增强人才活力,形成适应余姚企业发展的人才政策体系。先后发布《关于建设人才特区打造人才高地的意见》《关于实施人才新政策加快建设人才强市的意见》等一系列政策,形成政策体系。二是通过人才引进和培养结构性改革,扩大有效供给,形成人才对余姚企

业发展转型升级的引领。目前,全市高层次人才突破6 000人,国家、省重点人才计划专家分别达72位、34位。高端人才带着优质项目来到余姚,落户后,不仅实现了自己产业的蓬勃发展,还催生了一批新兴产业。如姚力军博士,其创办的江丰电子不仅成功上市,而且推动形成了靶材产业链。目前全市战略性新兴产业增加值、高新技术产业增加值,分别占规上工业增加值的44%和56.6%。

人才需求量大面广,单靠引进是远远不够的,余姚更为重视培养使用本地人才,坚决防止"招来女婿气走儿"。早在2003年10月,舜宇就成立了"余姚市舜宇职业培训学校",将其作为员工的培训基地。近年来,舜宇集团与浙江大学联合举办"浙大余姚现代企业管理培训高级研修班",与复旦大学合作举办"MINI-MBA班",使舜宇的中高层管理者提升了理论素养;还与长春理工大学、浙江大学联合举办工程硕士班,与宁波大学联合举办大专及本科班,形成了从大专到本科到研究生的员工深造渠道。同时,公司建有省级企业工程中心、在职工程硕士班、博士后流动工作站。人才内部培养的不断线,提升了员工素质,促进了企业转型升级。

(四) 坚持政产学研合作中突出企业人才主体作用

政府在政产学研合作进行人才开发配置中投入固然重要,但不是大包大揽。余姚在人才发展投入上,优化财政支出结构,提高资金使用效益的同时,更多的是发挥企业的主体作用,鼓励引导企业、个人和社会投资人才资源开发,赋予产学研平台科技成果使用、处置和收益管理自主权,增强以政府投入来调动全社会科技资源配置的能力,形成以政府投入为导向、企业投入为主体、个人和社会投入为补充的多元投入机制。采用以奖代补形式大力扶持企业院士工作站、博士后工作站、企业工程技术研究中心等创新载体建设,拓展人才成长平台。2018年,全市累计拥有各级研发中心353家,省级重点企业研究院5家,省级企业研究院4家,宁波市级企业研究院14家。

三、企业新模式：以人才为管理核心

我们经过调研发现，余姚企业普遍存在以人才为管理核心的现象：企业确立人才引领发展的战略地位；视人才为第一资源，重金挖人才，诚心聚人才；激发人才的创新创业的活力；柔性用才，产学研合作，外才我用；给予人才回报和获得感；形成浓厚的尊重人才的文化氛围。可以认为，余姚企业以人才为管理核心的发展模式基本形成，概括为：人才引领、以用为本、共同创造、持续发展。

（一）人才引领：企业发展的核心理念

在新时代、转型期，"发展为第一要务，人才为第一资源，创新为第一动力""人才引领、创新驱动"等理念正在逐渐得到贯彻执行。但在若干年前，把"人才第一"作为企业发展核心理念并做到始终坚持的企业，从全国范围内来看并不多。余姚是一个县级市，有名的企业并不算多，但从现在发展比较好的企业来看，不管是老牌的企业，还是创立不久的新兴企业，基本上都确立了人才引领发展的战略地位。

老牌的企业如舜宇集团，其能取得今天的业绩，与老董事长王文鉴及公司管理层始终坚持"人才第一"的人才观密不可分。在舜宇，人才已成为企业发展重要的战略资源和不竭动力。公司以"人才驱动"的理念为引领，从1989年引进第一个大学生王文杰，到1999年引进第一个硕士研究生陈惠广，他们俩都是在上班的第一天以锣鼓喧天、夹道欢迎的方式进入企业的。截至目前，公司的在职员工中具有硕士研究生以上学历的有960人。

江丰电子是引进高端人才创立的新兴科技公司，创始人在国外工作多年，他的人才理念是：优秀的员工是企业的宝贵财富；与企业共同分享发展与成功的结果；为员工充分提供学习与创造的舞台；培养员工具有优秀的品质与杰出的技能。

（二）以用为本：企业人才工作的体制机制

虽然每个企业都知道人才和人才工作的重要性，有的企业甚至明确了人才引领发展的理念,但真正做到的却很少。其关键是知行不合一,人才工作体制机制建设不到位,造成人才在企业得不到有效使用,价值得不到实现,同时,企业也得不到长足发展。但余姚的许多企业却做到了,典型的如舜宇集团人才工作体制机制建设。

早在2002年,舜宇集团便建立了适应知识人才特点的人事管理制度。其一是建立了以文化管理为特色的管理风格,强调人性管理、柔性管理、尊重式管理;其二是建立了以知识和能力为标准、以绩效和贡献为依据的利益分配机制,建立了对知识人才的倾斜政策,如分配股权、参与管理等;其三是注重人才的发展与再造,为人才创造理想的发展空间,如参加高级培训、出国考察等。舜宇随着销售规模迅速增长,对人才队伍建设也提出了新要求。在这种情况下,舜宇及时采取了有效措施和工具方法,其中最典型的就是"12345"人才开发机制。

一系列体制机制建设保证了人才在舜宇集团的有效使用,价值得到增值,与企业实现共赢。如公司第一个本科生,1989年进入舜宇,做过现场技术、品质管理、供销业务、办公室主任、人力资源管理、综合事业部管理,然后做营销,后来做一家产值上百亿分公司老总,现任集团公司执行董事、常务副总裁。公司第一个研究生,1999年进入舜宇,进来后公司便安排一个日语翻译跟他去日本工厂进行三周的访问学习,回来后改善多层镀膜技术,技术可靠性曾受到其他人的怀疑,王董事长当时就表态:相信到我们的专业技术人员的意见。现在,多层镀膜已渗透到舜宇的绝大部分产品,成为支撑创新发展不可或缺的关键技术。经过多个岗位历练,现在他已经成为集团核心公司红外技术公司的总经理。

(三) 共同创造:企业人才工作的根本动因

创造,是指一种新事物的诞生,而不是简单的重复。创造既是企业的需求——创造产品、创造市场,也是人才的需求——创造技术、创造价值。共同创造,其内涵是共创事业与价值、共担困难与风险、共享成果与利益、共谋成长和发展,是企业与人才的共同需求。一种需求得到满足,会创造另一个需求,

激发人才创新活力的"余姚生态"

高效率的需求满足会产生回弹效应,产生更多更高级的需求。企业人才工作归根结底是激发共同需求、满足共同需求,实现共赢。

舜宇公司2002年形成了核心价值观:共同创造。以"共同创造"为核心形成了舜宇的人才工作体系,即弘扬三种精神、践行四个理念、强化五个关系。基于这种体系,舜宇人才工作从过去的强调刚性管理、强制性管理、统一性管理,逐步向人性化管理、尊重式管理和文化管理演进。

在共同创造的核心价值观统领下,舜宇公司人才工作采用了"钱散人聚"的分配机制。公司进行了四次大规模股权分配激励。第1次,1994年初,在册员工350人全都成为股东;第2次,2003年公司出台《舜宇优秀人才评价方法》和《舜宇集团期权期股激励办法》,4年间,对100名"舜宇优秀人才"授予股份702万股;第3次,2010年公司启动《员工股份激励计划》,按上市公司10%股份即1亿股股票重奖中层以上干部和优秀员工,共奖励479人6975万股;第4次,2015年,公司把岗位股份的激励面扩大到了全体课级以上管理人员和中级职称以上专业技术人员,并决定将股份激励作为公司的基本激励制度长期坚持。

舜宇公司用这样一种动态的股权结构,把股权配给对企业作出了贡献的人,体现了货币资本和人力资本的有机结合。舜宇人多年的创业历程证明,"钱散人聚"、防止产权家族化的经营理念,对于吸引、集聚更多更好的人才构筑人才高地,稳定和壮大舜宇创新人才队伍等具有重大的战略意义。

(四)持续发展:人才工作持续支撑和引领企业发展

企业发展有自身的周期,在不同的发展时期,人才工作有不同的侧重点。在企业转型发展过程中的关键时期,人才工作能否支撑和引领企业的转型历程,体现了人才工作的水平。

在余姚的企业,不仅发展优异的舜宇公司做到了人才支撑和引领企业持续发展,更有较多新兴的高科技公司做到了人才引领企业持续发展,还有较多的转型升级做大做强的企业做到了人才支撑和引领企业持续发展。典型的如浙江大丰实业有限公司,始建于1991年,早期承接一些电视台、电教馆的接插件业务,后来规模逐渐扩大,转向舞台机械和座椅业务,并通过研发切入智能舞台领域,经过20余年的艰苦创业,已发展成一家全球领先的文体产业整体集成方案解决商、行业"隐形冠军",2017年沪市主板上市。在公司的每一个发展阶段,公司都有相应的人才管理方法,逐步形成咨询、创意、策划、技术、交付、维保、管理、运营人才团队。公司拥有国家企业技术中心,主导制定了12项国家、行业标准,累计获得700多项专利。员工1 800余人,其中中高级科技、管理人才800余人。

四、企业家的新实践:始终坚持"人才第一"的理念

"企业家是企业发展的决定性因素,一个成功的企业需要一个有战略远见的企业家。"企业要持续发展,需要企业家看得更远,做得更实,牢固树立"人才第一资源"和人才竞争意识,重视人才科技创新,做到向科技要质量、向人才要效益。余姚的企业家中,不管是本土的民营企业家还是高科技企业家,或是科学家转变为海归企业家,已形成始终以"人才第一"为经营企业的核心理念的群落。

(一) 本地龙头企业家坚持树立"人才第一"的理念

2007年,舜宇光学在香港联交所上市,画出了一条向上攀登的迷人K线。从上市之初市值39.2亿港元,到迈入千亿市值俱乐部,成为香港资本市场上当之无愧的黑马。从细分领域的"名配角",到车载镜头雄踞全球第一、手机镜头和手机摄像模组名列世界第二,舜宇无疑是光学行业的巨型龙头。

"舜宇公司的发展史,就是一部科技创新史、人才发展史",企业家王文鉴是这么说的,也是这么做的。1988年,他提出:"我们厂正面临两大问题,一是技术素质低,二是管理水平不高,集中到一点就是缺乏有用的人才。"1990年他提出企业文化建设:"不管如何,就是要在人字上做文章,要创一流企业,必须具备一流的人才,我们需要独特创造力的人,尊重人才并充分发挥他们的作

用,这正是企业文化的核心。"1991年,他就提出企业用人要防止"任人唯亲"。1996年,他明确提出"人力资源是企业第一生命线"。1999年他提出"创造力人才第一",并确定"依靠人才"而不是"利用人才"的指导思想。2003年,出台了舜宇优秀人才评价办法和股权期权激励制度,提出"三个第一"观念,即"人才是企业第一资源、人才工作是管理的第一要务、各级一把手是第一责任人",制定了"12345人才开发机制"。2010年公司制定了《人力资源发展战略及规划》。2014年,他提出:"人才是企业竞争最重要的内容,坚持人才第一的指导思想,已经不是一个理论问题,而是竞争和生存的需要。"

王文鉴董事长的人才理念最早来源于《从优秀到卓越》一书。书中的"帕卡德定律"是他遵循的最重要的定律之一,书中指出的"企业实现伟大转变的五个首要要素,第一是人才,第二是人才,第三是人才,第四是人才,第五是人才"是他坚守的最重要的思想之一。

(二) 本地高科技企业家始终秉持"人才第一"的理念

在我国的磁共振行业,有一家名不见经传的民营企业,依靠强大的研发实力,20多年来一直在跟国际巨头"掰手腕",而且使国际品牌的磁共振产品在中国市场销量不断萎缩,还引发价格"大跳水",打破了进口品牌一统天下的局面。

这家企业,就是位于余姚市经济开发区的宁波鑫高益磁材有限公司。过去10年,该公司自主研发的永磁型磁共振累计销量超过600台,连续8年稳坐国内市场销量头把交椅,让曾经的磁共振这一"贵族检查"走向了普通百姓。

"我们从不打无准备之仗。"公司董事长高大建说,鑫高益从20世纪80年代中期涉足永磁材料开始,依靠完全掌握的一系列自主知识产权,一路循序渐进,从永磁材料到永磁体,再到磁共振成像整机,不断向高端产品进发。这个"准备",就是以"人才第一"为发展理念,集聚行业高端人才,积累人才资本优势。公司相继成立了宁波市级院士工作站、省级博士后工作站、省级高新技术研究开发中心,以及跟中科院高能物理研究所等科研单位的深度合作等,集聚了国内外数十位行业高端人才。

（三）众多海归企业家始终坚信"人才第一"的理念

姚力军，获中国哈尔滨工业大学工学博士学位、日本国广岛大学工学博士学位。2005年带领多名海外博士、日本及美国籍的专家回到中国创业，在余姚创立了宁波江丰电子材料有限公司，担任董事长兼总经理，专业从事超大规模集成电路制造用溅射靶材的研发和生产，结束了该产品长期依赖进口的历史，为超大规模集成电路制造用溅射靶材的国产化作出了特殊贡献。公司的核心价值观是"同创业共成功"，不仅把人才看作企业的宝贵财富，而且做到与企业共同分享发展与成功的结果，在公司全面实行人才持股制度。同时，他还对由他介绍引进余姚的高端人才创业公司进行股权投资，形成"合伙人制度"，实现高端人才"抱团取暖""同创业共成功"。

从日本归国创立宁波江丰生物信息技术有限公司的刘炳宪，本着"人才·科技·创新"的经营理念，始终把人才放在第一位，从事数字病理系统开发和生产，公司实现了快速发展，短短四年时间，主导产品全自动数字切片扫描仪已占领全国30%的市场份额。

宁波创润新材料有限公司总经理吴景晖，从美国回国创业，坚持"人才第一"的理念，公司由海归博士团队联合筹建，核心团队包括多名国家级、浙江省级专家，以及各专业领域内的高精尖人才，并入选浙江省"领军型创业团队"。三年时间，吴景晖和团队实现了国内钛纯度从99.98%到99.999%的"质"的突破，让"电子级低氧超高纯钛"首次落地中国，引发了高精工业原材料供应端的"蝴蝶效应"。

五、价值与展望

余姚以企业为主体的人才工作新格局及其"三位一体"的工作模式，蕴含了新时代中小城市人才引领发展战略的新的路径，体现出一定的价值，"三位一体"模式也有其借鉴意义。

（一）价值

1. 习近平总书记关于企业人才主体作用系列指示精神在余姚的生动实践

企业是市场的主体，是区域经济发展的核心。发挥企业人才工作主体作用是贯彻落实习近平总书记关于人才工作一系列重要讲话指示精神的必然要求。余姚做到了"四个转变"：一是余姚政府人才工作着力点的转变，人才工作重心向企业转移；二是余姚企业人才主体地位的转变，企业人才引领发展的战略地位得到确立；三是余姚经济发展动力的转变，人才经济时代企业人才工作成为主力军；四是余姚企业人才管理方式的转变，企业人力资源管理转向以人才为管理核心的发展模式。"四个转变"有力地突出了企业人才主体作用地位，形成了余姚发挥企业人才主体作用的新格局。

2. 余姚发挥企业人才主体作用的"三位一体"模式实践总结

在实践中，发挥企业人才工作的主体作用影响因素众多，这也是很多地方发挥企业人才工作作用的羁绊。余姚在实践中抓住了三个主要因素——政府、企业和企业家，并使得三种因素的作用得到协同，逐步形成"三位一体"的模式。

首先是政府的引导推动作用。在党管人才的原则下，余姚政府着力建立发挥企业人才主体作用机制，做到坚持人才引领企业发展的理念，树立企业主体作用意识；坚持以人才资本投资，引领企业高质量发展；坚持以人才供给侧改革，促进企业转型升级；坚持政产学研合作中突出企业人才主体作用。企业人才主体作用机制的建立，有力地促进了企业家人才工作的活力，推动了企业人才主体作用的发挥。

其次是企业的自觉主动作用。企业是使用人才的主体，余姚企业积极主动地引进、培育、用好人才，坚定不移地走人才驱动创新的路子，发展出了企业管理以人才为管理核心的模式，做到以人才引领为企业发展的核心理念，以人才为本建立企业人才工作的体制机制，以共同创造为企业人才工作的根本动因，以人才工作持续发展支撑和引领企业发展。由传统人力资源管理模式向以人才为管理核心的模式转变，充分地保障了企业自觉主动发挥人才主体作用。

第三是企业家的先导引领作用。企业家是企业发展的决定性因素,企业家的人才引领和人才竞争意识,决定着企业人才主体作用的发挥。余姚的知名企业家中,不管是本土的民营企业家还是高科技企业家,或是科学家转变为的新兴企业家,较统一地形成了以"人才第一"为核心理念的经营思想,并身体力行地进行了实践,在自己的企业中率先确定人才引领的战略地位,倡导企业人才主体作用的发挥,同时为其他企业家做出示范,引领其他企业人才主体作用的发挥。

3. 人才引领发展"余姚生态"效应的生动诠释

一是引进人才激活企业人才主体作用的发挥,鲇鱼效应明显。1989年舜宇公司引进第一个来厂的大学生,激活了企业对人才的重视;1999年引进第一个研究生,激活了企业对高端科技人才的重视。以此产生的"人才第一"理念和"共同创造"的价值观,奠定了舜宇公司创造辉煌的基础。

二是企业人才主体作用的发挥,使得人才效率提升,引发回弹效应。江丰电子以海外高层次归国留学人员为核心创业成功,引发回弹效应,吸引了美国科罗拉多矿冶大学的博士潘杰、美国匹兹堡大学材料学博士吴景晖、新加坡南洋理工大学博士钟伟华等一大批高端人才回国创业。

三是发挥企业人才主体作用的"三位一体"模式的实践,体现"木桶效应"。政府、企业和企业家在发挥企业人才主体作用的过程中各司其责、各负其责、各尽其责,找准定位、主动作为,合心合拍、群策群力,做到有分工、不分家,减少短板的劣势,协同合作,发挥合力,与人才抱团发展,"木桶效应"体现明显。

四是企业人才主体作用的突出,促进了品牌效应的形成。宁波智能制造产业研究院引进宋小康、王奇锋等一大批博士和陈科伟、赵伟、温志庆、郭士杰等十几位国家、省重点人才计划专家,研发的机器人控制器以第一名入选国家重点研发计划,十八轴双臂机器人为全球首款。以此为基础,形成了机器人产业并产生余姚机器人小镇品牌。

(二)展望

1. 为人才引领发展的"余姚生态"奠定坚实的市场基础

余姚作为没有背靠大城市,没有高校、科研机构,没有大型国企和跨国公司,没有国家重大项目,没有国家重大改革先行先试的中小城市,依据自己的资源禀赋,结合自身的特点和积累,把握人才工作中发挥企业人才主体作用的新态势,抓住政府、企业、企业家三个关键要素,形成余姚企业人才主体作用"三位一体"模式,促进了企业人才主体作用的发挥,为人才引领余姚发展的战略奠定了坚实的市场基础。

2. 值得更多中小城市借鉴

新时代、转型期,"发展是第一要务,人才是第一资源,创新是第一动力",人才引领发展已经成为共识,人才经济已经成为现实。企业是引人用人的主体,也是人才发挥作用的舞台,更是区域人才引领发展的主力军。余姚企业人才主体作用"三位一体"模式的实践经验,虽然还有不完善的地方,但值得更多的中小城市实施人才引领发展战略的借鉴。

余姚人才发展的韧性治理体系及启示

摘　要　余姚人才韧性治理体系是"余姚生态"的重要基础和支撑,其主体特征是多元协同的人才治理体制、韧性演进的人才政策体系、精准高效的人才服务网络和务实创新的人才治理环境。从未来发展看,余姚人才韧性治理需要从进行战略性的人才发展布局、构建更系统性的人才政策体系、进一步提升政策的协同性和执行力、加强人才生活服务配套建设等四个方面着力。余姚人才韧性治理体系为中小城市的夯实人才治理基础、丰富人才治理机制、强化人才治理能力等方面提供了重要的借鉴和启示。

在经济全球化和人才国际化的背景下,与大城市相比,中小城市人才发展具有脆弱性,人才工作要想有所作为,必须走一条自我发展之路。余姚作为浙东的县级城市,十几年来持续进行人才治理的探索实践,走出了一条人才引领经济社会发展之路。余姚形成人才引领发展的生动局面和人才发展的"余姚生态",其前提在于具有人才引领发展的战略定力,形成人才引领发展的思想共识,关键在于将人才引领发展的理念与余姚实际相结合,构建了具有鲜明余姚特色又具有可借鉴性的人才韧性治理体系。余姚人才发展的韧性治理体系体现出中小城市人才发展"反脆弱性"的"韧性"特征,在治理主体、治理工作、治理活动、治理环境上具有鲜明的特色,可以概括为多元协同的人才治理体制、韧性演进的人才政策体系、精准高效的人才服务网络、务实创新的人才治理环境,这一治理体系成为中小城市人才发展的样本,对于我国构建中小城市人才发展的治理体系具有启示和借鉴作用。

激发人才创新活力的"余姚生态"

一、多元协同的人才治理体制

人才发展是一个复杂的综合性问题,既是人才自身的发展,也体现为人才资本增长,还包括人才自身发展融入国家经济社会发展,以及人才事业的发展。余姚在人才发展上,应用"治理"理念,充分发挥党和政府的统筹引导作用、用人单位的主体作用、社会组织的带动作用、人才个体的能动作用,构建了多元协同的人才治理体制。

1. 多元化的人才治理布局

人才韧性治理是多元化治理。余姚人才发展,党和政府是中心力量。早在2012年,余姚就成立了市委书记任组长、市长任第一副组长、副市长和组织部部长为副组长的人才工作领导小组,将党和政府拧在一起,建强了党和政府抓人才工作的坚强轴心。人才工作领导小组成员包括近30个党政部门和经济开发区、园区的管理机构,实现了综合协调、各司其职、通力协作。余姚市委、市政府积极发挥在人才工作的"元治理"作用,但到位又不越位,充分调动和发挥用人单位尤其是企业的主体作用,以"舜宇光学""大丰实业"为代表的余姚土生土长企业和以"江丰电子""创润新材料""智畅机器人"为龙头的引进高端人才创立的新兴科技公司,都确立"人才第一"的人才观,以人才引领为企业的核心理念。2018年新增的236名高层次人才中,90%由企业引进。在政府的鼓励、支持和引导下,余姚企业先后建立了10个院士工作站、16个博士后科研工作站,舜宇、江丰、大丰等领军企业均建有国家级博士后科研工作站和国家级企业技术中心,企业在人才引领发展中的主体作用日益凸显。社会组织在余姚人才发展中也发挥了重要作用,重点人才计划专家联谊会先后为余姚引进了数十位国家级高端人才,中科同创、浙江大学机器人研究院、宁波智能制造研究院、阳明工业技术研究院、东方机器人谷、诺丁汉智能电气化研究院、哈工大科技产业园、中国计量大学国家大学科技园等先后落地余姚,不仅在引才方面发挥作用,也成为重点人才计划专家制造的重要基地。在党委的大力推动下,"政府—企业—社会"共同创造的人才治理格局已经形成,成为人才治理体制韧性的坚固支点。

2. 多层次的人才治理结构

人才韧性治理是多层次治理。人才治理涉及高层次、基础层次以及介乎两者之间的中间层面,各层次之间的人才工作视野不同,能够调配的工作资源不同,参与人才治理的任务也各有不同、各有侧重。在余姚的人才治理体制中,政府部门间权力共享,各层级政府间协同合作,政府与非政府主体间合作共治,形成了一个高度弹性化的纵向与横向交叉互联的协作性网络结构。对于顶尖人才、特优人才、领军人才,余姚党政领导亲力亲为,姚力军、甘中学等领军人才的引进,都由时任市委书记专程拜访,频顾"茅庐";每位国家重点人才计划专家都能第一时间与市党政领导直接沟通联系,最大限度提高办事效率。对于高层次人才和创业创新团队,实行市管干部一对一对接,建立"人才办和科技局—创业创新项目—助创专员"的连贯性治理链条。2015年开始,市委人才工作领导小组在市管领导干部中先后三个批次聘任62名助创专员,实现了每一个创业创新项目有助创专员一对一对接。熟悉经济工作并在特定领域有特长或资源的助创专员,为创业创新团队直接提供与项目相关的企业管理、人才招聘、项目报批、市场拓展和融资股改方面的精准帮扶。在基础性人才方面,建立街道和乡镇人才工作服务站,由组织委员或党政办、发展服务办工作人员任站长、副站长,副站长享受中层正职待遇,承担基层人才公共服务职能。从党政领导到市管干部,再到基层人才工作者,余姚治理构建了重点突出、灵活高效、全域覆盖的人才治理结构。

3. 多关系的人才治理网络

人才韧性治理是网络化治理。余姚的人才治理存在一个"网络",在这个网络中,政府、市场主体、社会组织和人才个体发挥着不同作用并具有相互依赖关系,既包括规范和保障各参与者相关之间关系建构和行为方式的正式制度,也包括互相影响、共同维护的非正式联系。这些不同类型的治理手段、形式,使余姚的人才治理形成特色鲜明的"伙伴关系""合作关系"和"生产关系"。一是政府与人才之间的伙伴关系。通过推动重点人才计划专家创业俱乐部运作、聘请担任"引才大使"、特聘为市决策咨询委员会委员等方式,政府与人才建立了制度化的协商合作机制。以姚力军、甘中学为代表的高端人才成为"以才引才"的典范,姚力军累计为余姚引进了 91 名高层次人才,其中国家、省重点人才计划专家 20 余名,占余姚的三分之一;甘中学作为全球范围内机器人知名专家,先后为余姚引进了 19 个国家重点人才计划专家,使余姚成为机器人制造领域的全球人才"高地"。二是引进专家与本地企业的合作关系。在政府的引导下,引进高端人才与本地企业之间良性互动,优势互补。姚力军来姚创业,缺资金、缺资源,政府出面找到一家民营企业同他合作,帮助其渡过难关。2010 年以后,余姚进一步健全对接制度,党政领导、来姚创业创新人才、本地重要企业的负责人经常性面谈,在技术的市场化选择、合作办企、本土企业的转型升级等方面,各取所长,合作双赢。三是专家与专家结成的生产关系。在余姚,由于"引才大使"和专家的助力,相关产业的发展已经形成"连锁反应"。姚力军帮助引进的潘杰、吴景晖、钟伟华等一批国家、省重点人才计划专家,涌现出创润新材料、江丰钨钼等一批科技型企业,形成了靶材及其超高纯金属材料的整条产业链,产业合作并相互支撑,降低了成本也提高了效率,成为经济发展新增长亮点。

二、 韧性演进的人才政策体系

政策驱动是政府推动人才工作的基本途径和主要手段。余姚在不断摸索中形成了有效覆盖创新创业、专业技术、高技能、普通高校毕业生等多种人才类型,有效覆盖人才引进、开发、培养、激励、保障等多个环节,有效覆盖本地、外来等空间维度的系统完备、科学规范、灵活高效的政策体系。在余姚的政策体系中,始终保持了核心政策的延续性、特殊政策的灵活性、政策创新的协同性,实现了政策体系的相互匹配和相互支撑,锻造了自我调整、不断创新的政策调控能力。

1. 政策方向明确坚定

余姚对人才的重视可谓源远流长,早在 2002 年,余姚就推出了博士研究生 20 万元安家费、硕士研究生 13 万元安家费的人才吸引政策,在全国县级城市中可谓"独树一帜"。2006年王永康担任市委书记之后,人才工作成为"一把手"工程,直接引进了当时尚在美国霍尼韦尔公司担任高管的姚力军博士,并以此为契机出台了一系列优惠政策,打下了"引智聚才"的政策根基。2009年陈伟俊任市委书记之后,继续高度重视人才工作,制定出台了《余姚市中长期人才发展规划纲要(2011—2020)》,形成了以《关于深入实施人才强市战略进一步加强人才工作的意见》为主体的"1+10"新人才政策体系,人才资源总量和高层次人才总量逐渐攀升。2011年,毛宏芳调任市委书记,人才工作成为其施政理念的核心,任职期间,余姚在省内率先推出了"3个500万"政策,并启动建设了浙江省内首个人才创业园——浙江余姚人才创业园,中国机器人峰会会址永久落户余姚。2016年奚明担任市委书记后,一如既往保持对人才工作的高度重视。在其任内,人才引领发展战略成为全市共识,新出台余姚人才新政25条,将"3个500万"政策升级到"4个500万",启动了"百企百'千人'工程",实施了"阳明学者""引才大使"等一系列引才制度,并推出了中国·宁波余姚"河姆智谷"国际人才科技洽谈会、全球智能制造创业创新大赛等多项举措,更大力度促进高层次人才创办企业发展。余姚历任市委书记坚定的韧性领导力,决定了余姚人才政策的定力,人才政策不断系统、完善和成熟。

2. 政策框架务实完备

余姚的人才政策来自自我创设,以"产""城""人"融合为战略定位和目标导向。"产",余姚有五金机械、塑料模具、小家电、纺织化纤等传统四大产业,能够提供相关战略性新兴产业的良好配套。"城",余姚没有背靠大城市的优势,但位于杭州与宁波之间,交通便利,本身是一座历史文化名城、经济强市、幸福之城。"人",余姚没有高校、科研机构,没有大型国企和跨国公司,没有国家重大项目,人才先天缺乏,但重视教育、崇尚创新、重视人才。面向产城人融合,立足市情,余姚党政领导集体形成了战略思维、前瞻思维、危机思维、抢先思维,在人才政策上敢于突破,全面布局。首先是开放创新。放眼全球视野,面向全球网络,把握国际人才流动,以建构富于竞争力的人才政策体系为目标。无论是2013年就推出的"3个500万",还是顶尖人才领衔的重大项目"一事一议"和最高一亿的财政支持,或是新近推出的"百企百'千人'工程",

激发人才创新活力的"余姚生态"

余姚的人才政策制定都是面向全球,立足全国,充分吸收借鉴领先城市的人才经验并与余姚市情结合,体现了开放性与"本土化"创新的有机结合。其次是抢先布局。以长三角区域协同发展的现代产业体系、空间布局结构调整为契机,立足余姚传统产业和配套优势,确定以新材料、智能制造、信息科技等战略性新兴产业为优先发展领域,并以之为着力点向全世界延揽人才,争夺全球顶尖人才、产业领军人才、创业创新团队,撬动产业发展动能,构建先发优势。以江丰生物为例,其之所以落户余姚,一个重要因素就是产业的硬件配套在5公里半径内可以全部实现订单化供应,从而使人才新动能与产业新动能相互转化,产生了人才集聚与政策"升级"的"回弹效应"。第三是配套协调。余姚人才政策的推动从来不是"拍脑门",每一项政策都是"千锤万凿",每一项政策都有配套支持和制度构建。比如针对海外高层次人才和高端创业创新团队,先后制订"姚江英才计划"、建立"阳明学者"制度、设立助创专员队伍,多种政策之间彼此衔接、相互支持,保持了政策韧性,促进彼此之间产生"化合反应",为人才政策优化创新注入澎湃动力。

3. 政策结构动态平衡

余姚的人才政策体系是一个不断摸索、不断试错、不断完善的过程。从引进高层次人才的重点突出到高层次人才与创业创新团队的两翼带动,从创业创新人才为主体到专业技术人才、技能人才和普通高校毕业生的全员覆盖,从引进为主到引育并重,余姚市委、市政府根据经济社会发展和人才效应发挥,不断进行政策的动态调整和优化"升级",使人才政策的不断累积变化促成人才发展的重大提升。余姚的人才政策在不断创新"升级"中把握了两个平衡:其一,高精尖人才政策与紧缺实用人才发展政策的平衡。2004年,余姚《关于实施人才强市战略的决定》和《关于实施人才强市战略构建区域人才高地的若干意见》确定的人才政策主要投向高层次、高学历人才和科技人才。2010年,余姚出台《关于深入实施人才强市战略进一步加强人才工作的意见》,完善了高层次人才、优秀中青年人才、专业技术人才、企业经营管理人才、高技能人才、农村实用技术人才、普通高校毕业生的综合政策,但基于经济全面转型升级、跨越发展的考虑,并没有大面撒网,而是集中力量建设平台、打造品牌,重点抓好"113"精英人才引进计划和"1235 紧缺实用人才培养工程",大力引进 11 类创新型人才和紧缺人才,将创业创新人才的创业扶持种子资金由原来的最高 100 万元提高到 500 万元,并新设立姚江创业投资基金,增强创新型人才引进的扶持力度,实现了精英人才、紧缺实用人才的率先发展。在高端人才集聚到一定规模后,2014 年开始加强对其他各类人才的支持,普通高等学校毕业生就业创业、姚籍大学生就业和回乡创业、技能培训等一系列政策相继出台,各类人才渐进发展,生动演绎了人才梯次发展,共创共享的发展道路。其二,引进人才与培育人才的平衡。2010 年以前,余姚人才规模不足,为了短时间形成创业创新动能,人才政策以引进高层次人才为主,随着引进高层次人才的创业显现效益,余姚适时地推出引育并用政策,院士工作站、博士后科研工作站、各类研发技术中心成为人才孵化的重要基地,截至 2019 年 7 月,余姚高科技研发和产业发展"创造"的特聘专家已经超过了引进数量,"引进—内生"的人才政策效益日益显现。

三、 精准高效的人才服务网络

为加快打造最优人才发展生态,余姚市汇聚全市力量,统筹各项要素,全领域、多角度、深层次地拓展、健全、完善人才服务网络,优化、精化、细化各项人才服务,"姚式服务"已经成为人才工作的品牌。

1. 人才网络全域覆盖

一是跨组织、跨层次的人才工作者网络。通过在 10 个重点乡镇(街道)设立人才工作服务站,在 15 个重点企业明确人才联络员,为 62 个高层次人才及其创业创新团队配备助创专员,编织了人才工作"政府—企业—人才"三位一体的服务网络,实现人才服务的全覆盖。这些活跃基层的人才工作者,虽然岗位和归属不同,但都是直接与市委人才办对接,在工作中发展了密切合作的伙伴关系,经常是一个微信群就能解决全部问题,政策推送、问题反馈、信息共享、工作安排和谐顺畅,减少了沟通成本,提高了人才服务的效率和能力。二是对外的"触角"延伸。为了进一步增强招才揽智力度,2017 年,在人才集聚

激发人才创新活力的"余姚生态"

的上海、深圳分别设立招商引智工作站,2018年又在北京设立招商引智工作站。招商引智工作站依托异地商会等组织,通过"以才引才""以产引才""以资引才"等多种方式,在高层次人才和项目引进上发挥了重要作用。比如依托舜宇集团引进的车载HUD抬头显示系统项目已经占据行业高地;通过与基金公司、投行、私募公司建立合作关系,实时沟通、主动跟进,仅从深圳一地就引入了4个5000万以上的具有应用前景和转化能力的顶尖人才创业创新项目。三是人才综合配套服务。积极推行人才服务"最多跑一次"改革,设立重点人才计划专家综合服务中心和税务综合服务中心,完善高层次人才创业创新服务联盟运行机制。多渠道解决高科技企业融资难问题,在启动科技金融风险池建设基础上,充分发挥民间资本雄厚优势,以众筹模式成立"才·富"合作基金,引入专业团队负责管理,创新"人才+资本+民企"合作模式。深化人才生活服务"3H工程",为专家提供酒店式管理的"和公馆"专家公寓60套,为各类高层次人才提供设施齐全、交通便利的人才公寓600套,各类人才公寓均能拎包入住,并且有专门工作人员负责管理、维护和维修。为硕士研究生及以上学历和领军企业的高级管理、高技能人才协助解决子女入学问题。不断完善的政务服务、金融服务、生活服务,提高了人才的归属感和认同感。

2. 人才服务精准对接

余姚在人才服务中,注重精准化、精细化。一是人才"专案式"服务与高层次人才项目的精确对接。持续深化完善市领导直接联系重要项目、定期项目协调推进会、服务人才专项例会等一系列服务机制,实时动态协调解决专家在项目落户、建设过程中存在的实际困难及亟待解决的矛盾与问题。每季度举办一期重点人才计划专家联谊活动,做到活动前听取专家意见建议,活动期间由专家自主提出服务需求,相关职能部门现场"领题""解题",提升人才服务工作的针对性和实效性。二是人才创业需求与要素供给的精准对接。以"4个500万"的"姚江英才计划"为例,第1个500万是扶持资金,第2个500万是种子资金,第3个500万是银行贷款额度同期贷款基准利率全额贴息,第4个500万是发展奖励。每一个500万的投入都是人才创业项目发展的重要节点,保证了资金投在"节骨眼",用在"刀刃"上。三是人才发展需要与服务创新的精准对接。根据不同层次、不同领域的人才发展需要,进行人才服务的机制创新。比如针对高层次人才创新创业项目的助创专员制度,无论是在助创专员的选择还是工作运行上,都力求精准有效。如对国家级重点人才计划专家钟路华的环保科技项目,选定环境保护局陈定安为助创专员,专门提供市场推广帮扶。余姚还建立了针对高层次人才创办企业的产品、技术和服务的优先采购制度,实现对高科技初创企业的最大支持。

3. 人才平台共建共享

经过多年的努力,余姚打造了一系列人才平台,并引导企业、人才充分参与,实现共建共创共享。一是重大发展平台。在中意宁波生态园、机器人小镇等的建设过程中,实现各个平台之间的相互支持。以机器人小镇为例,通过借力中意宁波生态园这一国际化平台作用,借助其品牌优势和国际影响力,加快引进智能制造产业的国际一流人才和项目;做大做强宁波市智能制造产业研究院,致力于机器人名牌系列产品,着力搭建机器人展览交易市场;联合创建中国第一个基于创新基因的机器人学院,实现各个发展平台之间的优势互补、相互带动。二是赛会活动平台。中国机器人峰会永久落户余姚、智能制造青年学者论坛、河姆智谷国际科技人才洽谈会、全球智能制造创业创新大赛等,极大地提升了余姚人才工作的活力。党和政府以平台为"磁石",充分调动企业、人才的积极性,营造了共建共享的局面。比如历次会议,在邀请两院院士、海内外著名专家学者、技术带头人、行业领袖、知名企业家、投资人等参会的同时,都专场设置人才项目洽谈会,邀请有对接意向的人才企业参会,提供面对面交流机会。三是项目对接平台。2018年新推出"百企百'千人'工程",计划在三年内对接全市100家规上企业发展需求,通过项目合作、全职或柔性引进等形式引进和培育100名重点人才计划专家或同级别专家来姚创业创新,助推企业转型升级。每季度一次的服务人才专项例会,邀请引进高层人才与本土民营企业参加,进行市场评估、探讨合作办企,在帮助引进人才创业创新的同时,也助推本地企业的转型升级,调动企业引才育才的积极性。四是人才交流平台。成立海外高层人才联谊会,让海外高层次人才找到"家"。举办专业的重点人才计划专家联谊会、重点人才计划专家余姚论坛,营造浓厚引才氛围。推动市内、园区内人才生态环境的建设,增强企业间的交流沟通。宁波创润新材料有限公司总经理吴景晖、宁波江丰生物信息技术有限公司董事长刘炳宪等,落户到余姚,在创业中途都得到了姚力军等创业前辈以参股的形式助其渡过难关。

四、 务实创新的人才治理环境

余姚自古崇尚读书,被称为"文献名邦",但又提倡"工商皆本",注重"知行合一""惟求其是",这种"崇文崇德、开明开放、创新创优"的精神构成了人才发展的人文环境,又通过人才工作者的引领与践行、文化吸纳和文化包容,创造了务实、笃行、创新、有为的人才精神和情怀,构成了人才治理的文化根基。

1. 务实笃行的人才精神

在余姚,从"一把手"的市委书记到乡镇的人才工作服务站,都有一种"精气神",就是对人才工作的信念、热情和热爱。姚力军博士由时任市委书记王永康亲自引进,并一路关怀。甘中学研究团队的引进,市委书记主动与其对接,多次邀请对余姚进行实地考察,致使其于2015年成功落户。人才办常务副主任夏向明,曾在基层从事人才工作8个年头,始终"尽己所能,服务人才",一些刚落户余姚不久的人才都会将他视为值得信赖的朋友。无论是人才工作的主管部门、职能部门,还是乡镇的兼职干部、企业的人才联络员,都秉持"人才和企业的满意度是对工作的最大肯定",坚持"真干事、干出事",推动人才工作不断创新。精神感召也需制度激励,余姚在发展中构建起一整套人才工作的制度环境,营造了全市重视人才工作的环境氛围,如强化人才工作目标考核,实施党政领导班子和领导干部人才工作目标责任制,考核结果作为评优评先、干部任用的重要依据,并与奖金系数挂钩,使人才工作者劳有所得、劳有所获。同时将人才工作列为落实党建工作责任制述职的重要内容,组织年度人才工作专项述职,市四套班子和人才代表均列席参加,让人才工作绩效在"阳光"下运行。又如制定乡镇街道人才工作服务站建设办法,定期召开全市人才工作服务站站长会议,用制度机制将人才工作落在实处。针对形势变化和政策需求,还定期组织人才工作培训,不断提升人才工作者的思想认识和工作能力。通过精神引领、制度激励、责任落实,务实、笃行成为人才工作者共同的思想信念和行动准则。

2. "知行合一"的人文情怀

余姚素有"东南最名邑""文献名邦"的美誉,诞生了7000年历史的河姆渡远古文明,走出了王阳明、黄宗羲等著名思想家。余姚深受王阳明"知行合一"理念影响,注重实践,崇尚创新、创业致富。在人才发展中,余姚将"知行合一"的文化浸润于人才治理之中。余姚人才发展的一个重要理念是人才要为"我"所用,同时让其实现自身最大价值。余姚的人才工作,重视成功、宽容失败,但决不无视失败。一方面,建立了体系完整的人才荣誉、奖项、津贴补贴等激励机制,为人才入选国家、省有关计划,以及宁波"3315计划"提供专业指导和配套奖励,对自主培养新申报成为顶尖人才、特优人才、领军人才和拔尖人才的,给予最高200万元奖励,同时通过完备的荣誉激励制度,使各个层次、各个领域的人才都能够共享人才发展成果;另一方面,实施科学长效的绩效考核与责任落实机制,建立严格的人才准入机制、科学的评价机制和退出机制。如针对"姚江英才计划",建立科学规范的项目评审机制,党政领导、相关部门、专家学者各司其职,最大限度地提高项目准入的科学性和成功率。在项目执行中,走访和评估等环节组织严密,指标性评估与弹性化管理相结合,对存在品行不端、弄虚作假的一票否决,坚决予以退出。还建立了院士工作站、博士后科研工作站的管理考核制度,绩效评定公开发布,不合格的责令整改直至建议取消。通过崇尚荣誉、有效激励、宽容失败、落实责任,使人才治理"知行合一"。

五、余姚人才韧性治理体系的展望及启示

发展永无止境,在知识经济和人才全球流动的背景下,人才发展的不确定性日益增多,余姚人才韧性治理体系仍需不断自我完善,不断开拓创新。余姚人才韧性治理体系所体现的中小城市人才治理的共性问题和普遍规律,为我国中小城市基于自身禀赋、寻求差异化发展、探索建构适合自身的人才治理体系提供了借鉴和启示。

激发人才创新活力的"余姚生态"

1. 发展展望

立足既有优势,谋求永续发展,余姚人才韧性治理体系还需对以下几个方面予以关切:一是进行战略性的人才发展布局。随着引进的海内外高端创业创新团队项目的落地生根,以及本地龙头企业的稳步发展,在继续引入新的人才项目的同时,如何支持已有企业的发展壮大,加强对已具有一定基础和实力但面临升级转型任务的企业的支持,实现政策扶持从"个体化"到规范化,成为人才引领发展的重要问题。二是构建更系统性的人才政策体系。未来的经济发展应是高新技术产业引领与传统产业、本地中小企业转型升级的多轮驱动,与之相应,需要针对本地中小企业转型升级的人才发展需求,寻求新的政策驱动的增长点。三是进一步提升政策的协同性和执行力。随着区域间人才引进竞争日益激烈和人才政策的透明性带来各地人才政策趋同,余姚在继续保持人才政策创新活力的同时,需进一步发挥全覆盖、精细化的人才服务网络的比较优势,进一步增强信息共享,增强上下之间的无障碍沟通、更广泛的参与性治理,提升政策执行的弹性和效率。四是加强人才生活服务配套建设。加强城市规划与产业发展的前瞻性、预见性和衔接性,着眼人才需求,推动人才集聚的工作和生活区域的配套设施建设,注重配套服务的品质化、精品化,最大限度解决人才创业创新的学习诉求、娱乐诉求和生活诉求。

2. 启示与借鉴

第一,夯实人才治理基础。人才治理是一项系统工程,需要顶层建构。余姚人才韧性治理的一个基本的经验就是党委的高度重视和自上而下、科学规范的顶层设计。相比较大城市,中小城市具有政府—企业—社会三位一体的环境特征,但也存在思想封闭保守、社会交往强关系化、生活方式庸俗化等弊病。将政府—企业—社会三位一体的环境特征转化为人才治理的制度优势,而不是"放大"的劣势,领导的思想站位、政治生态、工作作风至关重要。首先是廓清治理主体边界。政府要站好位、善补位、不越位,行政权力必须以牵动市场的主体作用、社会的补充作用、人才的能动作用为基本的出发点和落脚点。其次要选准人才治理的范围。要选准和丰富人才治理对象,以最亟须的人才为人才治理的着眼点和突破口,遵循梯次渐进的发展路径,区分群体、找准角度、因人施策地抓好人才发展。最后是明确治理定位。基于资源禀赋谋划人才发展定位、战略和政策,因地制宜,构建差异化的人才政策优势,保持政策的相对稳定性,以产业发展为人才政策的优先领域,为人才发展构建平台和空间,实现人才发展与产业发展的协同与互动。

第二,丰富人才治理机制。"韧性治理"强调治理系统的"调适"和"转型"能力,其本质特征就是在应对社会多样化需求和复杂多变矛盾时,自身机制所产生和集聚一种持续不断地学习、创新、适应和改变等方面的能量。余姚模式的一个鲜明特征就是治理机制多元、丰富、健全。中小城市的政治行政层次和部门界限相对简单和弱化,构成了人才韧性治理的有利条件,要建构系统性、整体性、协同性的治理机制,实现治理的不同主体、对象和治理活动之间的联动。首先是协同的治理制度体系。明确治理主体、参与主体、治理客体的责任边界,建立从上至下、编密成网的人才治理体制,包括决策协商、信息共享、有效沟通、结果反馈、责任监管等制度,以及"党委政府—企业—社会组织—人才个体"的多方协同工作机制,形成人才治理合力。其次是动态的治理机制。在保持人才政策及其运行机制相对稳定的同时,要注重敏锐感知市场变化和人才需求的变化,建立有效的有关人才发展的信息收集反馈机制和科学决策机制,保持人才治理良性运行。最后是弹性的治理机制。相比较大城市而言,中小城市的人才治理更具灵活性,在人才引进、人才扶持、人才发展上,对于不同时期,可以突出不同的治理主体,运用灵活的治理手段,甚至可以适用不同的制度规范。

第三,强化人才治理能力。人才治理能力既是人才治理体系的重要途径,也是实现人才治理现代化的助推力量。余姚人才治理的一个鲜明特征和最大优势就是执行力,政策精准给力、服务精细到位、情感关怀备至。中小城市要创造更有竞争力的人才环境,必须在治理能力上下功夫。首先是政府宏观主导能力。党委要聚焦大局把控、顶层设计,善于从经济社会发展全局高度,用长远眼光观察人才形势,确定人才战略,构建人才治理组织和治理结构。政府要加强谋划执行、过程控制,为党委谋划贡献智慧,提升贯彻落实党委战略决策、方针政策和工作部署的理解力、操作能力和实践能力。其次是市场和社会调适黏合能力。人才治理中涉及不同治理主体、治理对象之间的复杂关系,存在裂痕和矛盾不可避免,党和政府要发挥引导作用,利用制度维持的正式关系和共同利益、共同目标维系的非正式关系,弥合裂痕,促进治理的顺利推进。第三是人才自治参与能力。要通过人才的政治吸纳和人才共同体的正式或非正式的组织构建,以及沟通机制的建立,发展党和政府与人才个体之间的平等对话,提升人才的政策理解能力、信息获取能力,以及相互之间的沟通合作能力。最后是人才数据治理能力。经济社会流动性增强,使人才的可持续治理更依赖于对信息和数据的掌握,要加强人才数据库建设,增强人才的数据分析和决策支持,推动人才治理工具现代化。

3. 创业创新的环境氛围

余姚自古以来就有崇尚创业的文化认同,引进高层次人才的新理念和与本土企业的优秀文化的相融合,升华了创业创新、锐意进取的人才治理环境氛围。一是在政治上信任人才。在余姚,党政领导干部与人才既是领导与被领导的关系,更是"情意相投""志同道合""亲密合作"的伙伴关系。党政领导集体高度注重对人才的政治吸纳,有157位高层次人才当选省、宁波、余姚"两代表一委员"。通过这些高层次人才,把更多来姚创新创业的人才团结、凝聚到党的周围。二是在思想上引领人才。余姚积极发挥人才的能动性和表率作用,在引领人才实现自身价值的同时,引导强化社会责任。近年来,余姚充分发挥红色资源丰富的优势,依托省委党校四明山分校、浙江四明山干部学院等平台,每年组织人才到四明山革命根据地接受红色教育,每年都组织人才赴延安、井冈山等革命圣地学习。同时分层分类组织广大人才学习习近平新时代中国特色社会主义思想和党的十九大精神,增强人才的政治认同感和向心力。针对海归人员和外籍专家,开展"重走长征路"的特色红色教育,增强海归人员和外籍专家对中国共产党的奋斗历程和中国特色社会主义事业的认同。三是在行动上感召人才。从党政领导做起,推动形成重视人才、礼敬人才的浓厚氛围。重点人才计划专家初次来姚,市委书记必亲自接待。重要会议在姚召开,四套班子成员通常是"倾巢出动"。定期对高层次人才、重要专家进行慰问、走访,实行"三必访"(重要节日必访、重病必访、取得重大成就必访)、"三必帮"(双创破难必帮、合理需求必帮、权益受损必帮)。一位创业专家的父亲生病入院,产业园区的负责人亲自在医院陪护三天三夜,把专家的家人当自己的家人照顾,令人感动。

Ⅲ 案 例

姚力军:"余姚吸引力"的最好诠释者

习近平总书记指出:办好中国的事情,关键在党,关键在人,关键在人才。综合国力竞争说到底是人才竞争。要加大改革落实工作力度,把《关于深化人才发展体制机制改革的意见》落到实处,加快构建具有全球竞争力的人才制度体系,聚天下英才而用之。党的十八大以来,习近平总书记就如何做好人才工作、实施人才强国战略,在不同场合发表了一系列重要论述,为各级党政机关、企事业单位等组织开展人才工作确定了战略、明确了目标、阐明了重大问题和重点任务,为未来中国人才战略的执行和实施指明了努力方向与发展路径。当下之中国正朝着实现中华民族伟大复兴的中国梦昂首迈进。面对风潮涌动的国际政治经济形势、日新月异的信息科技革命趋势、观点激荡的思想文化发展态势,中国要想在与世界各国特别是发达国家的激烈竞争中脱颖而出,成就宏伟蓝图,实现和平崛起,"关键在党,关键在人,关键在人才",必须"聚天下英才而用之"。

姚力军正是默默践行"聚天下英才而用之"理念的奋斗者。多年来,他一直用自己的经历为余姚"代言",主动宣传余姚,积极为余姚引入高端人才,实现了"以才引才"的良性循环。可以说,姚力军是"余姚吸引力"的最好诠释者。让我们一起来解剖姚力军这个案例,解析"余姚吸引力"的构成要素。

一、为什么姚力军愿意到余姚来

姚力军的专长是溅射靶材,属于半导体材料技术的最前沿。这种超高纯度的金属材料,其核心技术掌握在少数几家国外的企业手中,长期以来都是中国相关产业发展一道跨不过的门槛。

大家都知道,芯片是未来智能装备控制系统的核心,但很少有人知道的是,没有像姚力军他们生产的这种靶材,芯片就造不出来。金属靶材的金属原

激发人才创新活力的"余姚生态"

子被一层层溅射到芯片上,再利用特殊的工艺把它们切割成金属导线,芯片的信息传输全靠这些金属导线。

姚力军于1996年获得哈尔滨工业大学材料工程学院博士学位,1997年获得日本广岛大学材料系博士学位,而后他进入全球500强的霍尼韦尔公司工作。凭借着出色的学识和性格中与生俱来的勤奋与毅力,短短几年时间,姚力军就从普通的项目研发工程师一步步成长为霍尼韦尔大中华区总裁,并全面掌握了国外先进的金属材料技术和现代企业管理经验。

成就与财富并不能代替肩头的责任与使命。长期以来,中国的半导体材料市场完全被外国跨国公司所垄断,大量的矿产资源和原材料以低廉的价格出口到国外,中国又以高昂的价格大批进口国外的电子材料和成品。祖国在半导体材料产业上的滞后局面时刻扯痛着姚力军的心,涌动在他心中的产业报国的梦想也越来越强烈。

2005年,能回国的一流人才还相当稀缺。时任世界500强公司霍尼韦尔大中华区总裁的姚力军为什么会选择到一个浙东县城创业?

故事要从2004年11月说起。当时,霍尼韦尔日本公司总裁姚力军受邀到余姚参加2004中国(余姚)国际塑料博览会,并考察了创业投资环境。当时,余姚市政府的主要领导了解到姚力军的归国创业愿望后,给他的承诺是:你只要带着关键技术和人才来,剩下的所有问题交给余姚市委、市政府来解决。

其实,姚力军自定下回国报效的愿望后,也一直在做筹备并在找一个能够帮助自己实现报国梦的地方。考虑到国内没有相应的生产设备,他自筹资金,在国外采购先进设备,足足装了20个集装箱和1个散货船。他说:"当时只差没有把日本公司楼里的马桶照样搬一个来了。"

带这么多先进设备回国,看似应该受到夹道欢迎,其实道路并不通畅。首先,一个不可逾越的困难就是,这么多设备如何入海关?如何过商检?其次,企业在哪里落户?设备在哪里安装?生产线如何报批?上下游企业在哪里找?其三,专业团队的落户如何解决?工人从何而来?

在当时的中国,几乎没有城市可以顺利解决这一切问题。

余姚市委、市政府敏锐看到姚力军回国的重要价值,出手帮助姚力军解决了设备入海关和过商检的一切难题,并只用了25个工作日就解决了项目落地的全部手续。

2005年4月,姚力军正式辞去霍尼韦尔公司的职务,全职回国创业。"到中国去,做全球最好的材料公司。"在姚力军的鼓动下,留美博士潘杰及6名日本专家与他一起飞抵余姚。

当时,正是很多国内老板在房地产上赚了钱,移民到国外的时候,姚力军却带着人和设备回来了。为什么?"学成必归,报效祖国。"这是钱学森出国时的心愿,这也是姚力军的人生追求。

当专家怀揣世界核心科技和渴望实现其人生价值的梦想,不远万里回到祖国创业,他们最需要的是什么?政府能为其做些什么?姚力军说:"我需要的是政府部门提供的高效、有针对性的服务,是一个便捷、贴心的创新创业环境。余姚让我感觉到,这里一定是我实现中国梦的地方!"

"姚力军落户,充分体现了余姚特事特办的能力。其背后,折射着余姚政府对人才的渴望。"余姚市委书记奚明说:"如果人才是种子,政府提供的服务就是阳光、空气与水分。政府专注于提供优质的服务,才能把真正的国际一流人才吸引过来。"

二、 为什么余姚能够成就姚力军

"最初,余姚方面就让我感受到,他们特别把人才当回事儿,你有什么要求尽管提。"姚力军说,"并且,政府只是提供服务,并不包办一切。比如,你需要资金支持,政府立即帮助找到民营资本。这让从海外回来的人,没有不适感。"

姚力军回国时,中国还没有生产半导体工业用溅射靶材的先例。自主创新,首先要解决技术成果的产业化问题。但从实验室到市场,中间是个"烧钱"的过程,对于白手起家的这群高层次人才而言,需要闯过很多关卡。

在租用的旧厂房里,一群留洋博士专家开始了自己的"破壁"之路,隔车间、买设备、做试验、做招聘、管财务,从零开始,以一个团队之力,实现一个领

激发人才创新活力的"余姚生态"

域的自主创新,每一步都走得步履蹒跚。

余姚相关领导和工作人员在引进姚力军团队后,一直在关注着他们的需求,积极为他们提供有针对性的扶持。大规模集成电路制造用超高纯金属材料及溅射靶材核心技术,这个拗口的名字,让人听着云里雾里。时任余姚市外经贸局局长助理的方臻,陪着姚力军一家家地与本土有转型意愿的制造业企业对接寻求合作;余姚市科技局原局长姚桂珍帮着江丰电子向科技部申报国家863引导项目,申请经费支持。

在余姚市各部门的积极支持下,2005年当年,一家有实力且有转型升级意愿的本地制造业企业与姚力军达成合作协议,共同成立了宁波江丰电子材料有限公司。江丰电子公司申报的项目也在2005年当年成功列入国家863引导项目,获得了100万元科技专项资金。同时,余姚市委、市政府为江丰电子公司发放500万元高层次人才资金,为尚在起步阶段的公司注入了强劲活力。2005年底,江丰电子公司第一块靶材产品成功下线,这意味着:中国结束了溅射靶材完全依赖进口的历史,填补了国家的产业和技术空白。

人们常常用"筚路蓝缕,以启山林"来形容创业的艰辛。这一点,姚力军深有体会。2008年,在美国次贷危机的影响下,江丰电子经历了创办以来的最大"生死劫"。当年1月,公司销售额跌至8万元,公司每个月的研发、生产等费用支出却要数百万元。为在春节前能给员工发奖金,姚力军整整3天没有回公司,独自一个人驱车到处"化缘"借钱。就在这个最困难的时候,"天使投资人"——余姚市政府再次伸出了援手,他们给予了姚力军和江丰最大的信任支持,一笔国有担保公司出面担保的300万元贷款,解了姚力军燃眉之急。

早就注意到这家中国同行的几家大型跨国公司找上门来,意图收购,一家日本公司甚至把签好字的收购合同放在姚力军面前——但团队咬紧牙关坚持住了,他们四处借钱、求人,为了走出危机,使出了浑身解数。

"从决定回国创业的那一天起,我们就知道,这是振兴中国集成电路的伟大事业,要耐得住寂寞,更不能怕挫折,我们的目标在远方。"姚力军和他的团队没有选择放弃。余姚市委、市政府也没有放弃,他们在当年10月,为江丰电子赢得了5 000万元风投,雪中送炭,使姚力军越过了困难极限。

正是在姚力军等人才身上总结出的经验，2012年，余姚在浙江全省率先推出了"3个500万"政策，包括500万元扶持资金、500万元种子资金、500万元贷款贴息，在科技创业企业的每个关键节点上提供有力支持。

"在余姚创业，人才办对你的关心是无缝的更是贴心的。每当我们有需要的时候，人才办的电话就已打来了，当你不需要的时候，人才办就转去做其他团队服务。"姚力军说，"我觉得我走了不少地方，全球找不到这么好的政府和服务。"

综合说来，余姚能够成就姚力军这样的海归高科技创业者，原因主要有两条：

首先，余姚有一个"心想事成"的人才生态。

余姚市委市政府聚焦人才需求，努力把工作做到心坎上。不断升级扶持举措，在"3个500万"的基础上，又增加了500万元发展奖励资金，推出"4个500万"人才政策，为智能经济领域人才专设10亿元政策资金、百亿元产业基金。同时还成立了高层次人才创业创新服务联盟，重点人才项目实现人才"零跑腿"。

其次，余姚有一个开明开放的发展环境。坚决克服急功近利的浮躁心态，切实以"静待花开"的耐心，善待每一次创新活动，支持每一个创新项目，大力营造鼓励创新、宽容失败的良好氛围。

姚力军创办的江丰电子在前六年一直处于亏损状态，在创业过程中，对他的猜疑声、悲观论一直不断，但余姚市委、市政府始终保持"静待花开"的最大耐心，给予最大的信任、最大的支持。直到2017年，江丰电子成了余姚市首家上市的海外高层次人才企业。12年终于磨成一剑。

如今的江丰电子，拥有超过400项专利，制定了11项国家、行业标准，创新成果填补了我国超大规模集成电路用超高纯金属及溅射靶材的空白，目前核心产品打破了美日垄断，打入了全球280多个半导体芯片制造工厂，2018年公司销售突破6亿元，纳税4 551万元，成为余姚市纳税百强企业第28名，中央电视台热播的《大国重器》《辉煌中国》栏目，均对江丰电子进行了详细介绍。

激发人才创新活力的"余姚生态"

如果把引进海外高层次人才工程比喻成栽树的话,有的地方是挖一个坑,把树苗往坑里一种,浇上一桶水甚至连水都不浇,任务完成是死是活就不管了。余姚最大的差别在于,引进海外高层次人才后该浇的水继续浇,该施的肥料继续施,真心希望创业公司活下来,长大创造效益改变当地的人才与产业结构。

"余姚是民营企业乐园,海归的创业乐园。"姚力军发自肺腑地说,"你去了上海去了北京,没人把你当回事,他们把谁都不当人物。这就像你把一条小鱼放进一缸水里特别容易活,直接放进大海里还真不行。"

三、 为什么姚力军始终愿意扎根余姚

姚力军回国创业的目标是填补我国在超高纯金属材料及溅射靶材领域的空白。这一领域一直被美国和日本的四家跨国公司所垄断。由于姚力军成功实现产业化,财政部、发改委等五部委联合发文,到 2018 年底所有超高纯金属材料溅射靶材的相关产品进口免税期结束,自 2019 年起向所有同类进口产品收取关税。这标志着他们用了 13 年的时间补上了长期困扰着我国芯片产业发展这一个短板。

目前,江丰电子已经和美、日的跨国公司在一个水平线上相互竞争。但是,姚力军和江丰电子始终扎根在余姚,没有想过到一线城市,或者近几年在引才方面频出大招的"新一线"城市去发展。

其实,对姚力军团队感兴趣的城市一直未曾间断过。2008 年,当时把姚力军引到余姚来的余姚市委书记王永康因为工作关系离开了余姚。而江丰电子当时正面临市场重挫。就在那时,有一个发达地区省会城市向姚力军伸出橄榄枝,我给你 3 000 万元搬家费,我再给你 3 000 万元落户费,让江丰电子搬家。

"最后决策的时候,我想不行啊,我来这里快三年,余姚还是支持我们,老领导也这么支持我们,老领导走了,我们就拍拍屁股走了,这样不行啊,将来没法做人,没法交代。"姚力军说,"而且搬家至少花大半年时间不能跑市场,不

能搞生产,对我们损失也很大。"

"时至今日,我们更不能走了。"姚力军说,"从2005年我到余姚,先后与四位市委书记打过交道。从王永康书记到陈伟俊书记到毛宏芳书记到奚明书记,对我们这个企业的关爱和支持,就像一个接力棒一样一直在传递。这样连续、稳定的政府环境,你是打着灯笼也难找的。"

"为帮助我们申报一个国家工信部的项目,余姚政府部门的工作人员加班到凌晨两点把申报材料装订好、把公章盖好,早上直接送到北京。"姚力军说,"这样的政府环境,让我们企业快速成长,更让我们对选择在这里创业无怨无悔。"

可见,姚力军团队能长期扎根在余姚,有两个因素起了决定性作用。其一,是姚力军个人的道德底线,这也从另一个维度诠释了引才时,不仅要看其才华、能力,还要考察其品德、修养。"德为才之帅,才为德之资"。才是本领是财富,德是责任是担当。只有引进了德才兼备的人,才如种下一棵根深叶茂的大树,才能持久为地方为国家为民族作出贡献、结出硕果。其二,是余姚对江丰电子的持续支持。姚力军总结:"地方政府的支持主要有三个方面。一是情感上高度支持你同情你,聆听陪伴交流,解决问题,一系列方式帮你建立归属感,帮你融入社会,让你喜欢这个地方,融入这个地方;二是当你真正遇到困难的时候主动伸出手来,甚至帮你用特别的方法解决问题,2011年日本大地震,全球产业链受影响,我们一下子流动资金没有了,没有钱采购,余姚方面迅速协调建设银行,想办法抵押贷款给我们,解了燃眉之急,服务是什么,是感情纽带,更是解决问题;三是服务好,能够创造性去建立一些机制,比如说香港国际化都市虽好,但一事一议很困难,中国地方大资源少,鱼龙混杂,不一事一议不行的,我们要讲辩证法,普遍存在的情况,制度化常态化建立流程,个性化突出的问题,需要有一事一议的灵活性,这是余姚工作的特点,是不可替代的。"

显而易见,在高层次人才的去留上,薪酬已不再是关键因素,创新创业的整体环境很大程度上影响着人才的走向。只有持续倾听人才需求,帮助其打通干事创业所面临的阻碍,令其舒心、安心地创新创业,不断加大在人才政策、服务、环境等方面的创新力度,才能使本地区成为高层次人才创新创业的乐土。

在调研中,我们看到,余姚始终秉持"政策有限、服务无限"的理念,在营造软环境上狠下功夫,用党和政府、广大企业倾心倾力的付出,不断增强人才的归属感和忠诚度,全力推动在余姚落地生根。

一是打造有情有义的人文环境。坚持把人文关怀贯穿于人才工作全过程,凡是有意来余姚发展的重要人才主要领导主动对接,凡是到余姚考察的重要人才主要领导全程陪同,凡是在余姚工作的重要人才都由市领导结对服务。

二是建立"三必访""三必帮"机制。近3年来累计走访专家711人次,帮助解决困难219个。每年都举办座谈会和联谊交流活动,让人才时刻感受到余姚的真情厚意。

三是创造宜居宜业的生活环境。致力提升城市品质,狠抓"法治余姚""平安余姚"建设,确保城市功能品质与人才需求相匹配。同时,针对人才所需所盼,深化实施人才生活服务"3H"工程,在医疗保健、子女就学、配偶安置等方面提供最大便利,使费尽心思引进的人才爱上余姚、扎根余姚。

凤翱翔于千仞兮,非梧不栖。"成就人才的环境,比什么都宝贵。"奚明说,"也正是因为我们有这个特点,才能让众多国际一流人才'跑过三关六码头,来到余姚不想走'。"

四、为什么姚力军愿意无偿帮助余姚引才

创业路上,姚力军和他的团队经历过九死一生。"现在,我们已经把产品做到国际知名手机品牌的核心芯片里,成为全球半导体材料的知名企业。"姚力军感慨地说,"只有在祖国的怀抱里,只有在余姚这样的环境中,我们才能这么快地创造这样的成绩。"

"在我们这个行业,要想成功必须走过一条漫长的道路,余姚市委、市政府给了我足够的耐心和持续的支持。在这个过程中,真的是无以为报,我就发挥自己的资源和特长为这块土地吸引人才,而很多同道来了之后我们也能报团发展。"姚力军如是说。

姚力军:"余姚吸引力"的最好诠释者

"来余姚创业,你们不会后悔!"多年来,姚力军已经成为余姚的一位义务"引才大使"。中国产业转型的需求、巨大的潜在市场、地方政府的引才政策,成了他嘴边的高频词。他利用各种机会宣传余姚、推介余姚,用自身创业的成功经验现身说法,帮助余姚引进了潘杰、吴景晖、钟伟华、刘炳宪、甘中学等27位国家、省重点人才计划专家,这些人才又相继引来了100多位高层次人才、37个科研团队,在浙江乃至全国形成了高层次人才抱团落户的"余姚现象"。

"我是被姚力军的成功经历感染了,才决定来到余姚的。"国家重点人才计划专家吴景晖说,"任何人来到新的环境里,如何适应都是一个现实问题,需要抱团取暖。我在余姚,在姚力军身上,找到了一种创业文化。"

2012年,美国匹兹堡大学材料科学与工程系博士吴景晖,在余姚第一次见到了姚力军。其实,吴景晖当时已回国创业几年了,这次本来是与姚力军来谈订单合作的。"我们有一群志同道合的小伙伴,我们在做一个伟大的事情,要把国家落后的短板补上。"姚力军字字动情,吴景晖被深深打动,当场决定来余姚创业。

两年后,吴景晖自主设计的"年产250吨电子极低氧超高纯钛项目"于2014年7月在余姚投产,产出我国拥有完全知识产权的第一炉超高纯钛,使中国成为世界上第三个能够生产低氧超高纯钛的国家,一举打破了发达国家的垄断,对我国军工、航空航天发展具有重要意义。

"以前,超高纯钛严重依赖进口,生产成本太高,这样一来,成本至少可下降50%,而且还打通了'超高纯钛—靶材—电子芯片企业'整条产业链。"余姚市委书记奚明说,"靶材领域专业性极强,只有姚力军这样的专业人士,才能知道谁是真正的人才,也知道说服他们前来落户。"

"我的梦想,是帮助他人实现梦想。"姚力军说,"国内环境这么好,我要帮更多优秀人才回国实现梦想。"就这样,姚力军通过吸引人才,带动了铜、铝、钛、钼、钽等超高纯材料的整个产业落户在余姚。"现在世界所有半导体厂商都要来这里采购。别看余姚是个小地方,但在超高纯材料领域可是一个大地方。"姚力军说。

姚力军引来的人不仅局限于超高纯靶材领域。宁波江丰生物信息技术有

激发人才创新活力的"余姚生态"

限公司董事长刘炳宪也是姚力军引来的专家。2011年,他从日本回到余姚,创立了宁波江丰生物信息技术有限公司,主要从事数字病理扫描设备及远程病理诊断系统的研发生产。很快,他的数字病理扫描设备正式上市,2015年就已占领全国市场份额的三分之一,成为业内的首选品牌。

周田敬博士是姚力军在日本读书时的校友,2014年,他也被姚力军引到了余姚,创立了宁波绿菱新材料科技有限公司,专门从事环保型高性能人造草坪研发生产。

被姚力军牵线来到余姚的,还有国家重点人才计划专家、全球著名人工智能科学家甘中学。在这里,甘中学成立了宁波市智能制造产业研究院,总投资3亿元。而在他的号召下,研究院又引进了董芳艳等国家重点人才计划专家18名,有23家企业入驻,机器人产业集群在余姚经济开发区初具雏形。

……

引进一名高层次领军人才,培育一家高新企业,带动一个新兴产业,10余年来,姚力军通过吸引人才,带动了多个高新产业在余姚生根发芽。

五、 姚力军扎根余姚创新创业带给我们的启示

多年来,姚力军不仅自己率团队扎根余姚创新创业,还积极为余姚引入高端人才,实现了"以才引才"的良性循环,打破了在中国一流专业人才必去大城市的规律。可以说,姚力军是"余姚吸引力"的最好诠释者。从姚力军身上,我们可以管窥"余姚吸引力"的构成要素。

1. "如鱼得水"的人才生态

引才育才是基础,用好人才是目的。成就人才的环境,比物质待遇更宝贵。硅谷创新之所以能够长盛不衰,就是因为形成了最具活力的创新生态系统。多年来,余姚市委、市政府致力于打造一个有利于创新创业的人才生态,坚定不移实施招才引智"一号工程",注重创新理念、创新模式、创新机制,打破先有产业再引人才的传统思路,大力实施团队式、链条式、集中式等多种引才举措,不断构建完善市场化、社会化的人才引进体系,推动人才工作进入链

式发展的良性循环。

只有让各类人才各得其所、尽展其长,才能让人才的活力充分迸发,作用充分发挥。余姚持续多年发力,加快构建全方位、全周期的人才服务生态体系,让人才拥有"如鱼得水"的环境,从而使更多人才向往、融入、扎根、开花、结果。

2. 灵活有效的政策弹性

余姚作为一座小县城,在发展资源、创业条件、基础设施等方面,难以与北上深广等大城市相比。为此,余姚始终秉持"政策有限、服务无限"的理念,在营造软环境上狠下功夫,用党和政府、广大企业倾心倾力的付出,不断增强人才的归属感和忠诚度。

对高端人才、重点项目,余姚坚持特事特办。通过设立综合服务中心、成立高层次人才创业创新服务联盟、推出高层次人才助创专员等举措,提供"一站式"专属服务,目前全市有助创专员20人,都是副科局级干部,对高端人才创新创业实行"一对一""点对点"服务。特别是深化推进"最多跑一次"改革,对高层次人才创业创新项目实施"一窗受理""一站通办",人才项目审批周期较其他项目平均缩短50%以上。

3. 创新创业的产业平台

人才干事创业要有一个硬平台,一个确保其施展才华的平台。从浙江余姚人才创业园到中意宁波生态园、宁研院、浙大机器人研究院、西交大人工智能研究院;从中国塑料城、中国模具城到舜宇光电特色小镇、阳明工业研究院、中国云城等一批重大平台,积极、扎实地为人才提供干事创业的硬平台,这是支撑产业集群发展的沃土。也正因为余姚有干事创业的平台和机会,才汇聚了这么多国际一流人才。

当前,余姚正在加快实施千百亿级新兴产业培育工程,力争到2025年,培育新能源汽车及关键零部件、光电信息、智能家电三大千亿级产业集群,形成机器人及集成、新材料、高端装备等五大百亿级产业集群。产业与人才联动,人才带动产业,产业引来人才,形成良性互动。

4. "以才引才"破解识才困局

余姚的基层人才工作者说,人才是金子,是金子肯定会闪光的,但没有一

激发人才创新活力的"余姚生态"

块金子是闪光的时候才被发现的。人才被引进时,往往还只处在起步阶段。发现人才,需要眼力,闪光的不一定是金子也有玻璃。余姚市委、市政府高度重视引才的同时,创造了一种"以才引才"的特殊的人力资源配置方式,破解了这个问题。比如,靶材领域专业性极强,只有姚力军这样的专业人士,才能知道谁是真正的人才,也知道如何说服他们前来落户;机器人领域亦是如此,只有甘中学这样的业界大腕,才知道一流的人才在哪里,也有能力吸引他们来到余姚会聚。

综上所述,"余姚吸引力"在于,在一个特定的小环境下,提供一线城市的创业环境、产业平台、金融支持、生活环境,并发挥"船小好调头"的优势,制定更灵活、更有针对性的政策,在项目上、资金上对特殊人才给予特殊支持。与此同时,让有号召力、有情怀的人才发挥"以才引才"的作用,吸引来一批真正的行业翘楚,在这里创业创新、发展壮大、融资上市,并占据世界产业链条的巅峰。

习近平总书记强调指出,要构建具有全球竞争力的人才制度体系,聚天下英才而用之。在全国范围构建具有全球竞争力的人才制度体系,尚待时日,但是在一个特定的小环境里,率先打造出一个具有国际竞争力的人才生态环境,吸引国际一流人才打造国际一流产业,可不可以实现?余姚用卓有成效的人才实践,给出了肯定的答案。

余姚舜宇：践行"人才驱动"理念，铸就全球光学行业"名配角"

舜宇光学科技（集团）有限公司作为国内领先的综合光学产品制造商，多年来，一直坚持"人才驱动"的理念，以"共同创造"的文化为纽带，既具备识才的慧眼、爱才的诚意，又有用才的胆识、容才的雅量；既能广开纳贤之路、广招天下英才，又能加强内部培育引领、鼓励人才成长。正是凭借着这些识才、爱才、用才、容才、聚才、育才和留才之道，舜宇集聚了大量的优秀人才，并能最大限度地发挥人才效能，成就了光学行业中最亮的"隐形冠军"，也提供了民营企业管理创新和制度创新的样板。

一、识才：从以才引才到不拘一格

舜宇集团成立于1984年，并于2007年6月15日成为首家在香港红筹上市的国内光学企业。"共同创造"的企业文化和"名配角"的发展战略是舜宇发展的两个重要特色。"走国际化道路"是舜宇实施名配角战略的基本途径，包括产品国际化、市场国际化、人才国际化、资本国际化等。这就要求舜宇管理者必须从战略高度看人才工作的重要性，以高度的责任感和紧迫感，引进和培养"足够的合适人才"来支撑企业的发展战略。纵观舜宇的发展史，其之所以能如此快速发展，与老董事长王文鉴及公司管理层始终坚持"人才第一"的发展观密不可分。自舜宇确立了"人才第一"发展观以来，引进的人才已成为解决舜宇内部人才紧缺的主要办法，只有找到了"足够合适的人才"才能保证战略目标的实现，这就为精准识别出符合舜宇发展的合适人才提出了更高要求。从创业初期引进人才以来，引进"足够合适的人才"一直是舜宇的工作重心之一。从多年的引才成效看，这些引进的人才多数已成为舜宇的中坚力量，有的也成为舜宇的合作力量。目前整个集团副总经理以上高管中，从外地引进的占总数80%左右。正是因为舜宇如此高度重视人才引进工作，在企业内部便产生了"以才引才"的良性效应。从1989年引进第一个大学生起，截至2014年，在15个部室正职干部中，由引进人才互相推荐的占了60%以上。由于外来人才本身所具有的特殊性，其作为"中介"荐举的人才，有效性几乎达到百分之百，这在一定程度上解决了舜宇人才紧缺的难题。

多年来，舜宇始终坚守自己的价值观，一直坚持"德才兼备"的识人方略，同时不断解放思想，强调知人所长，强调适才适用。纵观舜宇的创业史，在人才引进方面虽取得了一定成效，但舜宇也深刻认识到当前企业人才资源尚缺乏竞争力，人才紧缺仍然是未来舜宇大发展的瓶颈。在这种情况下，舜宇意识到要破解这个问题，最重要的钥匙是解放思想，破掉一些老框框，以"不拘一格"的开阔胸怀树立人才新观念。基于此，舜宇勇于破除"管理内培，技术外引"论，从企业需求出发大胆引进各种人才。"舜宇"立志从余姚走向世界，成为国际化的大企业，需要大批经营和管理人才，需要大批专业和专门人才，不能局限于管理和技术，不能局限于本土和本地，甚至不能局限于中国大陆和华人，只有这样，才能真正实现"天下之人才为我所用"。同时，舜宇还勇于破除"难平衡、难驾驭"论，敢于借助能人和高人。通过细致研究，舜宇精准识别了全球各行业里最好的专家和业内高手，请他们作指导来开拓舜宇新事业。这样，在高人指点、高手操作下，舜宇的事业做得越来越好，被列入2018年财富中国企业500强榜单第330位。

二、爱才：从文化营造到制度创新

舜宇的企业文化有三大体系，即以"防止家族化"为核心的制度文化体系、以"共同创造"为核心的精神文化体系和以领导躬身示范为核心的行为文化体系。关于"防止家族化"的理念，企业创始人王文鉴很早就提出来了，这里包含了防止产权家族化、防止用人家族化、防止管理家族化的含义，其中"防止产权家族化"是摆在第一位的。"共同创造"作为舜宇集团的核心价值观，其内涵是共创事业与价值、共担困难与风险、共享成果与利益、共谋成长和发展。以"共同创造"为核心形成了舜宇的理念体系,即弘扬三种精神、践行四个理念、强化五个关系。基于这种理念体系,舜宇要求各级管理者确立"三个第一"观念,即"人才是企业的第一资源、人才工作是管理的第一要务、各级一把手是第一责任人"。这样,舜宇从过去的强调刚性管理、强制性管理、统一性管理,逐步向人性化管理、尊重式管理和文化管理演进。在这一理念指导下,舜宇不断解放思想,创新观念、创新文化,努力破除以下五种"老观念":一是破"年轻不成熟论",大胆使用年轻人才;二是破"有缺点论",大胆使用有缺点的人才;三是破"高成本论",从人力资本高度做好人才投资;四是破"管理内培,技术外引"论,从企业需求出发大胆引进各种人才;五是破"难平衡、难驾驭论",积极寻求全球各行业里最好的专家和业内高手为公司指导和支持。舜宇的经营管理在架桥铺路,搭建人才施展才干舞台的同时,努力做好保驾护航,营造暖心留人的政策氛围。

在上述文化理念指导下,舜宇集团在重视科技创新和管理创新的同时,也根据高新技术企业的特点坚持制度创新。如着眼高新技术企业知识资本和人力资本的参与,完善现代企业的产权制度,即实现企业产权的明晰化、产权的人格化、知识与高素质人才的资本化;着眼既能灵活应变市场又能正确科学决策,建立规范的法人治理结构和完善的组织制度,使企业的管理逐步从"人治"走向"法治";着眼知识员工比重的增加和人才的多样化需求,全面创新企业的人力资源管理制度和人才激励机制,建立优胜劣汰的人才竞争机制,其中包括能进能出的用人机制、能上能下的干部机制、酬效挂钩的分配机制和赏罚分明的考核激励约束机制。上述这些人事管理制度创新取得了良好的效果。舜宇从1989年引进第一个大学毕业生起,在集团公司和制造业的子公司中层以上管理人员中,引进的人才占了60%以上。此外,舜宇还积极推行高层次人才导师制,这对带出一支有良好素质、有创新能力、能打仗打胜仗的知识型员工队伍发挥了重要作用。

三、用才:从优化机制到搭建平台

随着舜宇销售规模迅速增长,公司市值快速翻了多倍,对舜宇人才队伍建

激发人才创新活力的"余姚生态"

设也提出了新要求新任务。在这种情况下,董事会总结了舜宇人才建设的实际经验,于2003年制定了《舜宇集团"12345"人才开发机制》,这个机制创新的成果获得了宁波市2004年企业管理现代化与创新成果奖二等奖和宁波市第三次学术成果奖二等奖。所谓的"12345"人才开发机制包括:"一个提高",即不断提高对人才工作的认识。舜宇要求各级管理者都要牢固树立"三个第一"观念。"两个确保",即确保企业发展中拥有足够合适的人、确保各级管理者有一个令人信服的人才培养和团队建设规划。舜宇的持续增长,必须确保找到"足够的合适人员"来实现这种增长所需要的能力,坚持"两条腿走路"的方针,重视人才的内部培养和外部引进,以满足企业快速发展的需求。从生产线的线长到总经理,各级管理者都要对本单位/部门的人力资源工作负责,对下属的培养和开发负责,要制定对下属的培训发展规划、团队建设规划,提出"接班人"计划,形成自上而下的人才团队培养体系。"三个畅通",即沟通渠道要畅通、引进渠道要畅通、能力提升渠道要畅通。"四个关系",即正确处理现有人才的培养使用与未来发展需求的关系,正确处理引进人才待遇与现有人才待遇的关系,正确处理专业技术人才"所有"与"所在"的关系,正确处理对下属的教育培养与自身素质提高的关系。"五项机制",即培养开发机制、评价发现机制、选拔任用机制、流动配置机制、激励保障机制。在实施中,舜宇把以上五个层面,用明文加以细化,变成日常可以操作的制度规定,变成既有导向作用又能自动报时的"钟",成为工作的指南和考核的标尺。

同时,舜宇还积极搭建人才发展平台,努力营造人才创新创造的良好环境,及时解决人才工作和发展中遇到的问题。对于企业内部人才,舜宇强调适才适用,大胆"给位置、压担子",让他们在实战中锤炼成长。舜宇建有省级大学生实践基地,也是宁波大学、浙江大学、长春理工大学、美国罗切斯特大学等高校的教学实践基地、联合培养基地。每年有计划地从高校招聘大量的应届毕业生自主培养,2018届大学生招聘人数达2 000余人。同时,舜宇借助舜宇中央研究院、博士后工作站、"浙江大学舜宇智慧光学联合研究中心"等平台,让大批年轻人参与科研技术项目,在项目中得到专家、导师的指导,获得能力的提升。他们还与国际大客户合作,在美国、日本、韩国、新加坡、中国台湾等国家和地区设立研发机构,使人才有更多的机会直接接触最前沿的市场、最先进的技术,直接与国际顶级的客户切磋交流。舜宇还与国内许多著名学府建立了产学研的合作关系,和美国罗切斯特大学也进行了合作,进入了他们的产业联盟。此外,舜宇积极构建人才交流合作机制,为高层次人才提供良好的外部交流合作机会,为人才施展才干架桥铺路。

四、容才:从用其所长到尊重创新

经过多年发展,舜宇深刻意识到要提升人才竞争力,必须解放思想,以"人无完人"的包容心态,积极拥抱人才的不完美。在舜宇的人才管理实践中,一是破除了"完美论",在考虑某人的使用时,不过分放大人才的缺点,珍视人才的优点,绝不埋没可用之才。舜宇大胆使用有缺点的人才,关注他们的长处而非短处,帮助他们扬长避短、扬长克短、扬长补短,不能因其小缺点而舍弃其大优点。二是破除了"经验论",不因某人在那个岗位"没有做过,缺乏经验"而不敢放手,始终认为如果以"经验"为用人依据,许多新工作将无人可用。三是破除了"资格论",舜宇非常重视人才的品质和能力,人才不会因为年轻或"资历浅"而耽误。年轻人是创新的生力军,是企业创新活力的源泉,舜宇始终认为大胆起用不成熟的年轻人,是事业发达兴旺的重要标志。一直以来,舜宇努力摒弃论资排辈、求全责备等观念,放开视野,大胆使用,使青年人才人尽其才、才尽其用。同时,鼓励年轻人秉持舜宇的共同创造价值观,诚信敬业,知行合一,完善自己,以承担起事业重任。

多年来,舜宇在以"共同创造"核心价值观的指引下,把创新和创造作为企业文化的核心内容,把永不满足的创新精神作为"共同创造"的灵魂,努力营造良好的创新文化环境,提供发展舞台,使创新人才能充分发挥专业特长,在实践中发现创新目标,提升创新能力,挖掘创新潜力。其中包括起用专业知识丰富、创新意识强、有一些缺点和不足的"双突出"人才,宽容他们的个性和不足,发挥他们的专业特长。通过创新人才的职业生涯设计固化人才的发展路径选择,找到这些人才个性发展目标与企业发展目标的契合点。同时,重视研究创新型人才特点,探索有效的管理方式,实行尊重式管理、柔性化管理,强调团队创造。舜宇还创造多层次、多方式的全员学习机会,或外送进修,或进高校培养,或请上门"教",或在岗位上"磨",或下放基层"炼",让人才把理论应用于实践,快速提升创新能力。舜宇设有"舜宇人才奖、人才贡献奖、人才进步奖"等奖项,对优秀人才给予精神激励、物质激励、发展(职务)激励、培训激励。从2003年起公司每年拿出总股权数的2.5%奖励创新型人才,奖励技术创新者和管理创新者,使新加盟舜宇并有创新业绩的创新人才成为舜宇的新股东。舜宇还全力为这些人才解决住宿、家属安置、子女入学入托、家政管理、上下班接送等各类问题,为人才排忧解难,免其后顾之忧。这些做法,对稳定和壮大舜宇创新人才队伍起到了积极的作用。

五、聚才:从钱聚人散到钱散人聚

在创立之初,舜宇集团名义上是乡镇企业,实际上是一种股份合作制,大家集资一部分,银行贷款一部分,没有用国家一分钱。1994年,舜宇被列入宁波市现代企业制度试点单位,进行了产权制度改革,后来又于1997年、2000年前后对企业产权进行量化、配股、委托投资和法律公证,最后完全实行企业产权"人格化"。有人认为,创始人或主要经营者要占大股,才有利于企业的稳定和效率。但创始人王文鉴却认为,企业的稳定发展,关键在于员工人心的稳定,因此他虽然是舜宇最大的自然人股东,但其所占股份只有7%。从三次股权结构变化来看,实际上是股权越来越分散。正如创始人王文鉴所说:"我白手起家办企业,现在企业这么大,我要百分之六七十的股份,都是可以得到的。但是,大部分股份归我,别人都来为我打工,谁会诚心诚意为企业出力?如果有报酬更高的企业招聘他,他就会离我而去,这就是钱聚人散。企业的财富是大家共同创造的,利益应该大家共享,员工的命运和企业联成一体,才能万众一心、风雨同舟,这叫钱散人聚。"他认为,在企业成立之初,由于企业规模小、人员少、产品单一、管理方式简单,产权结构单一可能有利于责权利的统一,有利于提高决策效率,降低交易费用和代理成本,正面效应确实比较多。但当企业已经具有了一定的规模，单一产权结构所隐藏的问题便会逐渐暴露出来，比如阻碍了人力资本与货币资本的结合，不利于引进、激励高级管理人才和技术人才；因为股权独大，容易滋生"家长制""一言堂"的管理方式，不利于员工积极性的发挥。许多曾经赫赫有名的民营企业走向衰败，不少就是产权制度的安排不当所致。

舜宇的股权分配是对"钱散人聚"理念的生动实践，是企业取得成功的基石之一。舜宇通过股权激励调动了骨干员工的积极性，也通过股权改制调整了企业创始人和主要经营者的持股比例，有效调动了多数员工的积极性。1994年改制时公司710个员工中，获得股权的约占员工总数的51%（以1993年12月31日为资产界定日，此前所有的在册员工350人全部成为股东）。这次公司改制，在第一次量化配股中，王文鉴本人占当时总股权数的6.98%，助手叶辽宁等5人分别占4%~5%，整个管理层9人的股权占总数的35.87%。同时，舜宇加大了职业经理人和技术创新者的股权占比，把货币资本和人力资本结合起来，使股权成为企业留住核心人才的重要纽带。从1996年起，根据企业发展的需求，舜宇先后从全国各地引进多名具有博士、硕士学位和高级职称的技术人才、管理人才，并对其中部分人才配股，用这样一种动态的股权结构，把股权配给对企业作出贡献的人，体现了货币资本和人力资本的有机结合。2003年，舜宇又依据"共同创造"的文化理念，以价值创造和共享共担共赢为产权分配机制的理论基础，建立了期权期股激励机制，每年拿出总股本的2.5%，作为对舜宇的发展作出重大贡献的人才（主要是技术创新者和职业经理人）的奖励。舜宇明确提出，要让为舜宇作出贡献的技术创新者和职业经理人成为舜宇的股东，贡献越大，股份越多，直至让持续为舜宇作出贡献的人主宰舜宇。舜宇人多年的创业历程表明，"钱散人聚"、防止产权家族化的经营理念，对于吸引、集聚更多更好的人才构筑人才高地，稳定和壮大舜宇创新人才队伍等具有重大的战略意义。舜宇在产权制度上的探索，引起了国家领导人的重视，原中共中央政治局常委李长春同志，在中共中央政策研究室关于舜宇集团建立现代企业制度防止家族化经营的调查报告上批示："这个思想很重要。"

六、育才：从尊重成长到引领发展

舜宇一直认为，企业是构成教育不可或缺的一环，企业的实践会使许多梦想成为现实，奋斗的过程会使绝大多数人成熟起来，脱颖而出成为中坚力量。在这种理念下，舜宇根据员工不同的特点和潜质，实施了职业发展双通道机制，建立了以任职资格为基础的人才培养发展体系，旨在帮助员工科学规划职业发展路径。此外，还陆续展开了一系列人才培养的推进工程，包括：创新人才推进计划，青年英才开发计划，高素质人才培养工程，经营管理人才提升工程，海外高层次人才引进计划，专业人才知识更新工程，高技能人才培养工程，大学毕业生基层培养计划。经过广泛深入研究，舜宇集团设立了11个专业覆盖所有岗位、所有层级的任职资格标准，明确了能力素质和知识技能要求，并针对不同群体的员工，制订了以此为基础的培养发展计划，包括面向应届大学毕业生的"承晖计划"，面向工程师的"骄阳计划"，面向基层干部的"乘风计划"，面向中层干部的"驭浪计划"和面向高层的"济海计划"。这样，在企业自身的人才库中甄选的有培养前途的人才，或放到岗位上"磨"，或外送优秀企业"修"，或送高等学校"培"，或放在基层"炼"，有目的有步骤地做好交班、换岗、补位前的准备。另外，企业还热情欢迎高等院校师生来企业实习、调研或进修，为自己的企业储备"准人才"。这样就形成了舜宇内部培养人才的五条途径：磨、修、培、炼、储。

舜宇始终认为要和竞争对手竞争，只有通过对员工的培训，员工的能力超过竞争对手，业绩才能超过竞争对手。多年来，舜宇一直努力提高以经营管理和专业技术队伍为重点的人才素质，建立了"企业竞争需要、个人发展驱动"的培训机制，使培训工作制度化、经常化。与此同时，舜宇要求现有的员工，用国际化人才的要求对照自己，提升自己。舜宇一直坚持厂校结合，在研制新产品的同时也培养了高层次人才。在建厂之初，舜宇就多次派人到浙江大学光学仪器中心试验基地培训，把光学冷加工作为企业发展的起点。1988年底，舜宇与浙大光电技术开发公司建立了科技生产联合体，开始了"你设计、我生产"的产品开发模式。目前,舜宇与浙江大学、长春理工大学、宁波大学等院校联合培养工程硕士,合办大专、本科学历教学班;开设"舜宇大讲堂""FV论坛",不定期举办技术交流、大师讲座;定期输送专业人员到美国罗切斯特大学参加专业培训和工业联盟活动,为人才提供拓展视野、系统学习的机会。舜宇通过科学规划、催人奋进、引领发展的育人机制,使大批年轻人快速成长,逐步成为企业发展的中流砥柱。

七、留才:从待遇留人到事业留人

围绕企业核心价值观,根据战略规划和方针目标,舜宇采用了绩效考核、专业任职资格评审、优秀人才评价相结合的评价机制。对于企业高管,既有一年一次的年度考核,又有三年一期的任期考核,以牵引高管团队更加聚焦于公司的中长期发展战略;对于中层干部,以平衡计分卡开展年度考核,综合考虑影响企业发展的多方面因素;对于专业人员,采用业绩和个人能力素质提升相结合的评价,持续关注员工成长和价值创造过程;对于优秀人才,实施富有舜宇特色的"优秀人才评价机制"。早在2003年出台的《优秀人才评价办法》,舜宇就建立了以"道德、素质、能力、业绩"四要素组成的优秀人才评价指标体系,在全集团范围内每年进行一次优秀人才评价,对于获评优秀人才荣誉称号者进行公开表彰和股权激励。这一制度不断完善沿用至今,成为舜宇人才队伍建设的重要抓手。

多年来,舜宇一直坚持以"人力资本"理论为基石的人才发展机制。舜宇认为,吸引五湖四海的高素质人才加盟的前提条件,是让已经在舜宇的人才在为舜宇的发展中实现自己的价值。为此,舜宇把货币资本和人力资本完美结合起来,通过以人力资本理论统帅人才工作,让人力资本主宰舜宇未来,让人力资本在企业的信任和投资中增值,让人力资本在科学评价与有效激励中实现价值最大化。舜宇的实践表明,从企业参与国际竞争的趋势来看,人才已经成为舜宇赢得竞争的第一要素;从企业转型升级的需求来看,人才已成为舜宇成功转型的先决条件;从改善经营业绩的现实需求来看,人才已成为舜宇提升业绩的关键。人才精英奖获得者楼国军,曾带领舜宇仪器紧紧把握后危机时代的良好机遇,抓市场、抓技术、抓团队、抓管理,2010年销售达成计划的131%,利润达成计划的186%,资产回报率达成计划的181%,销售、利润均创历史新高。由于股权的激励作用,舜宇引进的大批"空降兵"不仅平稳"着陆",而且具有强烈的主人翁感、责任感和归属感,与企业原有的"地面部队"水乳交融。在"空降兵"和"地面部队"的共同努力下,企业也迸发出前所未有的活力,有效带动了科技创新和产品创新,极大地提升了企业核心竞争力,使舜宇迅速融入国际光电产业的供应链,与众多国际著名企业建立起合作关系。可见,舜宇成就了人才的梦想,人才也成就了舜宇的事业!

八、启　　示

纵观舜宇的发展,其通过一系列"以人为本"的现代企业制度尤其是产权制度改革与管理创新和制度创新,成功地经受住了改革的考验,这与企业管理者始终坚持以"人才驱动"来撬动企业发展的人才观密不可分。当下,我国民营经济迎来新的历史机遇,并进入一个新的发展阶段,舜宇的人才管理实践为我国民营企业管理创新和制度创新以及地方的人才工作提供了借鉴和启示。

1. 人才是引领企业转型发展的战略资源

从一个国家的角度看,人才已成为战略资源;从一个企业的角度看,人才也成为企业转型发展的战略资源。舜宇集团自1984年成立以来,其管理效率的提高、产品结构的优化、业务规模的增长与经营业绩的提升,这些都与老董事长王文鉴及公司管理层始终坚持"人才第一"的发展观密不可分。实践表明,从战略意图到企业文化、从企业文化到人才管理理念、从人才管理理念到人才管理体系的基本策略,给舜宇带来了竞争对手无法复制的战略优势,使其逐步发展壮大为年销售额259亿元、主打产品名列世界前茅的全球光电产业链知名企业,成为中国民营企业改革发展的一面旗帜。

2. 人才管理策略是企业战略执行的重要支撑

企业的问题归根结底是人才的问题,人才管理策略是企业战略执行的关键。舜宇的经验表明,它始终把"名配角"战略放在第一位,聚焦自身人才管理的战略影响力,以差异化的人才管理策略来驱动企业战略执行,使人力资本的投资回报更清晰。无论从以才引才到不拘一格的识才慧眼,还是从文化营造到制度创新的爱才诚意、从优化机制到搭建平台的用才胆识、从用其所长到尊重创新的容才雅量、从钱聚人散到钱散人聚的聚才良方、从尊重成长到引领发展的育才策略、从待遇留人到事业留人的留才机制,这些基于塑造组织战略能力对人才的需求或基于支撑战略能力的重要岗位来实行的人才管理精细化、精准化,无不渗透着舜宇高度战略性的人才经营思想。

3. 企业人才实践是地方人才工作的动力引擎

企业作为用人的主体,是一个地方人才工作的核心。一个地方人才工作的好坏,与其能否发挥每个企业用人主体作用密不可分,其中与政府的谋划战略有关,更与企业的主动作为密切相关。据统计,余姚每年新增的人才资源,尤其是高层次人才绝大多数是企业自主引进的。舜宇从1989年引进第一个大学毕业生起,在集团公司和制造业的子公司中层以上管理人员中,引进的人才占了60%以上。从大学毕业生招聘来看,舜宇招聘2018届毕业生人数高达2 000余人。舜宇等企业在引进人才等方面主体作用的发挥,在引领企业自身转型发展的同时极大地推动了余姚经济的高质量发展。

余姚机器人小镇：引进高端人才，开创特色产业

习近平总书记在浙江工作时提出面向浙江未来发展的"八八战略"，即进一步发挥八个方面的优势、推进八个方面的举措，其中包括了块状特色产业优势和人文优势。2015 年底，习近平总书记在中央财办《浙江特色小镇调研报告》上作出重要批示："抓特色小镇、小城镇建设大有可为，对经济转型升级、新型城镇化建设，都大有重要意义。"余姚机器人小镇 2015 年 10 月启动建设，集聚了大量的高层次人才和项目，于 2018 年 9 月 10 日获批入围省级特色小镇第四批创建名单。余姚机器人小镇的快速崛起，因素固然众多，但其核心因素是人才引领发展战略地位的确立，形成了特有的"人才+"模式。本案例研究，正是贯彻落实习近平总书记关于特色小镇建设"要学会招商引资、招人聚才并举，择天下英才而用之，广泛吸引各类创新人才特别是最缺的人才"的指示精神。

一、高端人才引领产业形成——小镇源起与动因

近年来，余姚从只有 3 个博士，到中高层次人才突破 6 000 人，国家、省重点人才计划专家分别达 72 位、34 位，人才工作做出了特色和亮色。从历史看，余姚素有"东南最名邑""文献名邦"的美誉，诞生了 7 000 年历史的河姆渡远古文明，走出了王阳明、黄宗羲等一批著名人物，拥有着全国 19 个抗日根据地之一的浙东革命根据地。正是余姚近期的高端人才引进与本地的产业文化结合，产生了余姚机器人小镇。

1. 源起

在余姚最早引进高端人才并成长为国家重点人才计划专家的姚力军博士的倡议下，2012 年 9 月，余姚市挂牌成立国内首个浙江余姚人才创业园，下设

孵化基地、中试基地和产业化基地，围绕新装备、新材料、电子信息等战略性新兴产业，重点引进一批重点人才计划专家和高新技术项目。

产业园首批入驻的宁波中科莱恩机器人有限公司创立于2013年，是一家由姚力军博士介绍引进的国家重点人才计划专家畅志军博士为技术带头人创办的高新技术企业，是产业园入驻的第一家机器人公司。公司注册资金1 000万元，总投资3.2亿元，占地60亩，厂房建筑面积约6万平方米，集智能化数控机器人、机械手的研发、生产于一体。

2015年，原美国ABB公司首席科学家、国家973项目首席科学家、2010年"中华人民共和国国际科学技术合作奖"获得者、美国机械工程师学会机器人工程技术杰出贡献奖获得者甘中学博士来余姚建立宁波市智能制造产业研究院并任理事长。宁波市智能制造产业研究院是受浙江省委、省政府委托，由宁波市政府与智能制造领域国家重点人才计划专家团队共同筹建的具有集团性质的机器人及智能制造企业集群。研究院总投资3亿元，致力于搭建技术研究与成果产业化的桥梁，以打造"浙江制造"为核心目标，积极创造机器人名牌产品，业务覆盖智能制造核心部件、机器人本体、产业应用等多个领域。

宁波市智能制造产业研究院整体布局由智能工厂、云制造平台、研发中心三部分组成。智能工厂主要由机器人打磨示范线、工业机器人培训区、智能线缆示范线以及机器人线缆生产线组成；云制造平台主要由智通机器人公司、智通环保公司、智生环保公司、智通机器人公司、易淘金公司、新博医疗公司、海酷制冷公司、甘为乐博公司等相关机器人孵化公司组成；研发中心主要由机器人研究中心、3D打印研究中心、组合创新研究中心、工业4.0研究中心（易拓智谱公司）组成，致力于打造由智能制造云、物联网、制造系统、制造设备、智能终端组成现代化的生产链。

畅志军博士创立的宁波中科莱恩机器人有限公司是第一家入驻浙江余姚人才创业园的机器人企业，甘中学博士建立的宁波市智能制造产业研究院带来了一批机器人领域高端人才和孵化企业，在这样的基础上，逐步形成了浙江余姚人才创业园内的机器人小镇雏形。

激发人才创新活力的"余姚生态"

2. 动因

一是政府的主导作用。在引进姚力军博士的基础上,余姚市领导与甘中学博士在2012年国家重点人才计划专家联谊会年会上有了首次接触,在接下来的三年中,余姚市领导和相关企业家与甘中学博士有了多次沟通了解,甘博士曾在一次会议结束时说"余姚一次行,留下一生情",最终来到余姚创业。

二是人才引领作用。2015年,甘中学博士领衔智能制造领域国家重点人才计划专家团队共同筹建了集机器人研发、生产于一体的大本营——宁波市智能制造产业研究院,院部建在余姚市安山路175号,致力于搭建技术研究与成果产业化的桥梁,积极推动机器人及相关零部件、医疗服务机器人、工业4.0集成技术和CPS网络技术的研发、推广与产业化。甘中学博士带领团队致力于发展具有自主知识产权的机器人产品,打破国外品牌在机器人关键部件方面的垄断,真正实现"智造"的民族梦。在此基础上,他积极推动中国工业机器人上下游产业的协同发展,为实现浙江乃至中国制造型企业工业4.0产业升级改造作出杰出贡献。同时,他还积极促成中国机器人峰会永久落户余姚,对推动余姚智能制造产业发展有深远的影响。

三是本地行业基础。余姚市作为经济强市,制造业基础较好,应用市场广阔,以战略性新兴产业、高新技术产业和装备制造业为主体的智能经济发展势头向好,吉利新能源汽车智能化生产项目、中信云城等重大项目落地,还拥有舜宇集团等一批具有行业影响力的智能经济单项冠军企业。2016年余姚市共组织了182项"机器换人"专项,总投资达21.06亿元,实现企业核心生产设备工序(工位)减员8 411人,产能或人均产值提高3倍以上。

四是本地文化基因。余姚本身是一个崇文尚德的地方,有历史传承,余姚市历史上出了634位进士,历史上有很多崇文崇德的人。比如说王阳明,中国古代十大思想家之一,他的弟子有3 000人。余姚重视教育,重视人才,重视传统,正如浙江余姚人才创业园管理中心党组书记、副主任孙雪波所说:"机器人小镇是余姚的小镇,更是中国的小镇。小镇的打造是对余姚河姆渡文化、王阳明思想的传承,更是对中华振兴、民族复兴的不懈奋斗。我们有信心也有能力抓住这个发展的契机,让小镇引爆中国的'智能经济'新时代。"

二、高端人才集聚引领产业集聚——小镇发展历程

高端人才集聚，引领机器人产业集聚。小镇集聚了20位机器人领域的国家重点人才计划专家，其中领军人才有原美国ABB公司首席科学家甘中学博士、原美国ABB公司高级研发主管孙云权博士等，这些高端人才的集聚为"小镇"机器人产业的发展提供了良好的智力支撑。

高端人才的集聚带来机器人产业技术的领先。依托20位机器人领域的国家重点人才计划专家和团队，余姚的机器人技术取得了突破性进展。余姚本地的机器人研发机构和企业已自主开发出十项国家级标志性产品中的七项，五类高性能核心部件中的两类。其中河姆渡双臂灵巧机器人是国内首款自主研发的双臂机器人，也是全球首个十八轴双臂机器人。浙江智昌实业有限公司的"工业机器人控制器产品性能优化及智能升级"项目入选2017年度国家重点研发计划"智能机器人"重点专项。

人才集聚的载体创新，引领机器人产业深化发展。在省、市两级党委、政府的大力支持下，一批高能级的创新载体相继在余姚设立。高能级载体的创新不仅为集聚人才提供了高级平台，也为产业深度发展提供了可靠的保障。

一是引入宁波市智能制造产业研究院。宁波市智能制造产业研究院是由宁波市政府与国家重点人才计划专家甘中学团队共同筹建。研究院自2015年5月15日签约成立以来，已有多家由重点人才计划专家创办的企业入驻。

二是引入浙江大学机器人研究院。2017年4月24日，浙江大学与余姚市人民政府签约共建浙江大学（余姚）机器人研究院，余姚市政府为浙江大学机器人研究院建设提供用地、基础设施、资金等保障，浙江大学提供人才培养和科学研究体系保障、专业技术支撑、国际合作交流政策倾斜等支持。自浙江大学机器人研究院入住余姚以来，迅速组织校内机械、电气、控制、计算机等专家团队，并带领相关博士后、研究生等七八十人赴余姚展开相关研究工作，为余姚机器人产业创新发展提供坚实的基础和源动力。

经过三年多的建设，余姚机器人小镇已初具规模，小镇规划面积3.5平方

公里,以机器人关键部件研发制造为核心,以机器人应用和机器人旅游为延展,围绕机器人产业链的上、中、下游进行布局,打造全国智能装备核心部件研制引领区、全国智能装备高端人才聚集区、全国机器人特色文化和旅游资源展示区,最终使之成为全球机器人产业研发制造高地,集产业、文化、旅游、社区四大功能于一体的特色小镇。

三、"人才+"模式助推产业升级——小镇发展模式

根据以上分析,进一步探索,可以总结出人才引领余姚机器人小镇的发展模式:"人才+",或是"1+7模式",包括:"人才+人才""人才+政策""人才+平台""人才+资本""人才+创业""人才+合作""人才+会议"。

"人才+人才",实现"以才引才"。小镇已注册企业147家,其中已投产58家,集聚了20位机器人领域的国家重点人才计划专家。甘中学博士领衔成立的宁波市智能制造产业研究院,总投资3亿元,引进宋小康、王奇锋、陈科伟等一大批博士和赵伟、温志庆、郭士杰等十几位国家、省重点人才计划专家。目前孵化的企业有宁波智畅机器人系统有限公司、宁波易拓智谱机器人有限公司、宁波甘为乐博机器人技术有限公司等12家有关机器人研发、生产的初创公司。

"人才+政策",打造"创业高地"。小镇地处余姚人才创业园,同时是第四批省级创建特色小镇,人才创业享受多重政策待遇,如"姚江英才计划"中的"4个500万",第1个500万是扶持资金,第2个500万是种子资金、第3个500万是银行贷款额度同期贷款基准利率全额贴息,第4个500万是发展奖励,每一个500万的投入都是根据人才创业项目发展周期节点,保证了资金投在"节骨眼",用在"刀刃"上。各类人才政策形成"引育用留"闭环,使小镇建设的服务、政策、整体环境日益得到专家的认可,余姚机器人特色小镇知名度和影响力在不断扩大,已成为人才引进的"洼地"和创业创新的"高地"。

"人才+平台",小镇建设既借力中意宁波生态园这一国际化平台作用,借助其品牌优势和国际影响力,也依托浙江余姚人才创业园,实现各个发展平台

之间的优势互补、相互带动建设。

成立于2017年的浙江大学机器人研究院,已经成长为集"政、产、学、研、用"深度融合的科研与人才培养机构,成为余姚机器人项目与人才的孵化"摇篮"。研究院将发展定位为"二八原则",20%推动前沿技术突破,80%助推本地企业提升和创新企业孵化,具体为"创公司、引产业、强企业"。创公司是鼓励并支持浙大师生在余姚创业,将技术成果转化成商品,引产业是把有意与研究院合作的企业引到余姚,强企业是支持鼓励本地企业家与研究院合作。

目前已落户浙江大学机器人研究院的科技潜力型企业9家,通过孵化培育,其中3家被列入余姚市级"姚江英才计划"创业团队,将在生产场地、土地、资本等资源要素方面得到重点保障。在科研成果方面,主要有2018年度包括国家重点研发计划项目在内的立项66项,总经费10 258万;开展院设自主科研项目15项,经费1 286万;成功申报宁波市科技创新2025项目2个;2018年4月重大专项"大型重载机器人平台技术"获批,2018年7月重大专项"无轨导航重载AGV"获批;双聘教师团队发表论文总数41篇(与研究院相关9篇),专利发明41项(与研究院相关7项)。

浙江大学机器人研究院着力在机器人领域引才育才。一是普遍性、规模性人才引进培养。与中国高教学会合作举办中国高校智能机器人创意大赛,目前已举办两届,共吸引430多所高校的2 500多支队伍报名,近4 000余名师生在姚参加决赛,吸引了新华社、人民网等几十家媒体重点报道。此创意大赛既是余姚打造机器人特色小镇的重要活动之一,也是第六届中国机器人峰会暨智能经济人才峰会的重要组成部分。二是招聘一批人。经过2年的发展,浙大机器人研究院目前已有15个科研团队的近百人入驻,其中院士2名、国家重点人才计划专家3名、省重点人才计划专家1名。三是在机器人峰会期间举办"青年科学家论坛",面向全球高层次人才征集智能制造、机器人、高端装备等新兴产业创业创新项目,采用全新的精准引才的模式对接人才,实现高层次人才项目与地方特色产业深度融合。

"人才+资本",实现"才·富"对接。通过政府出资、引进民营资本的方式,成立政府产业引导基金,支持项目发展。"才·富"合作基金首期规模为3 000万元,引入专业团队负责管理,主要投向中早期高科技企业,重点支持高层次领军型人才在机器人小镇创办符合产业导向、拥有核心技术、市场前景较好的机器人项目。

"人才+创业",实现以才引产。如畅志军博士创立的宁波中科莱恩机器人有限公司,主要从事国家重点扶持项目中的高精密中高速冲床、高精密冲床周边设备等高端产业机器人的研发、生产、销售及售后服务工作,产品以光机电自动化技术为核心,广泛应用于航空、汽车、电子、医疗、家电、机械、军工等产业。公司目前已拥有76项国家自主知识产权,已同日本能率机械制作所等世界著名企业进行技术交流与合作,并成为其全球配套供应商。又如陈智勇博士于2013年3月来余姚创立宁波达新半导体有限公司,团队及个人分别入选宁波3315创业团队B类和获得"首届浙江省高层次创新创业团队带头人"称号。达新半导体有限公司主要从事IGBT、MOSFET、FRD等功率半导体芯片与器件的设计、制造和销售,并提供相关的应用解决方案。2018年销售将近2 000万元,是宁波第一家芯片销售破千万元的芯片设计企业。同时,达新也在积极参与宁波工业制造2025重大专项的布局,IGBT汽车芯片列入专项项目之一。

再如以王庶民教授为核心的团队于2017年1月成立了浙江超晶晟锐光电有限公司,公司瞄准提升我国化合物半导体材料和光电器件的技术水平,汇聚了一批行业顶尖技术人才,以自主研发为基础,打造我国系列核心光电子器件,为用户提供前沿化合物半导体材料。截至2019年6月,公司已建成1 800余平方米国内第一条对标国际水平的二类超晶格红外焦平面探测器全链条生产线。

"人才+合作",促进产业转型升级。高层次人才与本土企业的合作正在进一步深化,促进了传统产业的转型升级。余姚锦隆电器利用国家重点人才计划专家惠觅宙等人的8项发明专利技术,推出了蓝氧漱口水机、蓝氧多功能盥洗机、蓝氧超滤直饮水机、蓝氧空气净化机等系列产品。国家重点人才计划专家陈燕智与余姚宏硕模具合作成立宁波普利达智能科技应用有限公司,致力于流水线自动化设备、柔性自动化生产线设备的研发和生产,第二年实现销售额3 000万元。甘中学博士研发的锂电池全自动生产线,帮助浙江海锂子新能源有限公司的锂电池产品实现了自动化规模生产,减少员工45人,增加年销售额2 500万元。"机器换人"为余姚企业换出了效益,换来了产品安全和品质的全面提升。

"人才+会议",提升小镇知名度。中国机器人峰会以国家高技术研究发展计划(863计划)机器人技术主题专家组历届专家为支撑,囊括了国内外800余位最顶尖的专家学者、企业家等。峰会活动形式多样,包括学术会议、专业技术研讨会、产业研讨会、供需对接会、展览展示、专业人才招聘会等,是目前国内最具影响力的机器人顶级会议。会议首届和第二届在由天津召开。第三届中国机器人峰会暨全球海归宁波峰会在宁波余姚举行,以"人机融合,让机器人更智能"为主题,时任浙江省委书记、省人大常委会主任夏宝龙出席了开幕式。从本届开始,峰会永久落户宁波余姚。第四届以"智能+时代,智胜未来"为主题,吸引了1 500多位业界精英出席。2018年第五届以"知行合一,让AI与机器人更融合"为主题,2019年第六届以"机器智联,赋能万物"为主题,均有多名院士,以及300多名国内外专家、企业家与会。

峰会在余姚的举办有效地推动了国内机器人同行之间的技术创新资源的集成和共享,搭建了良好的产学研用合作平台,不仅对余姚发展智能经济起到有力的推动作用,还对促进我国机器人产业发展发挥重要作用。

四、 余姚机器人小镇"人才+"模式的启示

1. 高端人才可以创造产业:鲇鱼效应

新时期,人才经济时代的步伐更加豪迈,现代生产要素正以高端人才为核心结集成新的主导力量,以加速的技术创新态势引领着产业的发展方向。余姚机器人小镇的源起,正是引入了甘中学博士,激活了机器人产业。可以说,没有甘中学博士就不会这么快有宁波市智能制造产业研究院,就更不会这么快有机器人产业集群的形成。毋庸置疑,是高端人才以高能级的人才资本集

结各方资源,引领了余姚机器人产业方向的形成。这也是"人才+"模式的"人才",是人才引领发展战略地位的确立所引进的鲇鱼型人才。

2. 对待高端人才要用诚心:木桶效应

高端人才来了,不一定留得住,能留住,也不一定发挥其作用,发挥了一般作用,并不能带来溢出价值。甘中学博士是机器人领域国际顶尖专家,能来到余姚县城创业,本身就是余姚领导人诚心所至的明证。诚心还不仅如此,体现在人才引进后的一系列作为,提供人才实现价值的舞台及其所需要一切资源,平台、资金、政策一个方面都不能缺,不能有短板。对政府来讲,木桶就是指合力。这就要求人才工作各部门无缝对接,防止短板出现,以诚心相待,与人才抱团发展。这也是"人才+"模式的"人才+政策"作用体现。

3. 充分关注高端人才引领作用:回弹效应

高端人才的到来,需要是实现自己的价值,创新创业成功是其追求,也是促进产业发展的根本动力。高端人才创新创业的成功可以起到引领作用,产生需求回弹效应。一个产业的发展需要产业链的支撑,高端人才不仅要自己创业成功,也需要产业链的发展,自身的需求加上自身的高能级人才资本,就会产生明显的回弹效应。通过甘博士的平台,引荐和慕名而来的机器人专家有数十位之多,余姚机器人小镇正是抓住"人才+资本""人才+创业""人才+合作",促使一大批专家在余姚机器人小镇创业成功,从而起到示范作用,吸引更多高端人才来机器人小镇创业。

4. 大力促进高端人才与产业发展形成合力:品牌效应

产业的发展是一个持续的过程,这其中,既需要高端人才的引领,也需要有力的产学研平台支撑,还需要广泛的社会资源支撑。高端人才有自己的行业影响力,甘中学博士是国家重点人才计划专家,聘请其担任"引才大使",便可以推动实现"以才引才"链式效应。产学研平台依靠名校、名院、名所,带来技术的同时带来名牌效应。余姚机器人小镇正是在高端人才引领的基础上,抓住了"人才+平台",引进了几个重量级的机器人科研平台,同时抓住了"人才+会议",使得中国机器人峰会会址永久落在余姚,有力地促进了机器人小镇的品牌效应,形成了高端人才与产业发展的合力。

5. 余姚机器人小镇"人才+"模式值得借鉴:推广效应

新时代、转型期,人才驱动发展已成为共识,关键在于如何做到知行合一,真正落地。河姆渡远古文明、王阳明心学等传统文化孕育的余姚机器人小镇,以"崇文崇德、开明开放、创新创优"的新时期余姚精神,诚心引进高端人才,引领和促进了机器人产业发展,在众多小镇建设中强势崛起。当前,以园区、小镇建设带动区域经济转型发展,已经遍地开花。借鉴余姚机器人小镇"人才+"发展模式,可以为我国众多园区、小镇发展提供思路和经验参考,推广效应明显。

活跃于基层的余姚人才工作者：
攥指为拳，合力开创人才工作新局面

党的十八大以来，习近平总书记对人才发展提出一系列新思想新论断新要求，为做好新时代人才工作提供了方向。余姚市委、市政府认真学习贯彻习近平总书记人才工作重要思想，把全面深化人才发展体制机制改革摆在首位，切实发动、依靠广大基层人才工作者肩负起余姚市人才引领全面发展的使命任务，把全面深化改革要求细致贯彻落实到人才工作的各个层面和全过程。

作为余姚整体人才大局的中坚力量以及人才工作光荣与梦想的承载者，"梦之队"代表着人才工作者助力人才实现梦想、放飞梦想，成为余姚基层人才工作者的最美代名词。

一、人才工作者"梦之队"是如何炼成的

余姚市拥有一支稳固强劲的人才工作者队伍。截至 2018 年底，余姚市共有乡镇人才工作联络员 49 人，重点企业工作联络员 15 人，第三批次助创专员 17 人，驻外省招商引智小分队 3 支共 10 人，政府各部门中的人才工作者不计其数。这支"梦之队"是如何炼成的呢？

首先，"梦之队"在余姚专业化、现代化的人才工作组织平台的引领和浸润下，志存高远，坚定笃行。

——基层人才工作者如何将人才工作外化于行，内化于心，得益于"组织"的引领和感召。近年来，余姚市高举"人才引领发展"战略路线，搭建了"一核多维、齐抓共管"的人才工作者队伍架构。基层人才工作者在组织指引下，靶向清、路线明，工作责任心大大增强，同时在多部门、多层级、多角色的相互支持配合中，体会到了一块"做事"、合作共赢的快乐。

"一核多维、齐抓共管"主要指以市委领导及市委人才工作领导小组为核

心,人才办领衔,人力社保局、科技局等多个职能部门联动,助创专员、乡镇与企业人才工作联络员、招商引智小分队等多元角色共襄盛举,全面覆盖全市人才工作需要的组织架构。

一核:以市委领导及市委人才工作领导小组为"主心骨",全面践行"人才引领发展"思路,点亮基层人才工作者的愿景和格局。余姚市委人才工作领导小组成立于2012年,历年来都由余姚市委书记担任组长,市长担任常务副组长,常设机构是市委人才办。作为全市人才工作的统领者,市委人才工作领导小组知行合一,将"人才引领发展"思路和"党管人才"基本原则深深印刻到人才工作战略设计与任务部署中。

多维:构建并巩固多层级的"中坚力量",全面覆盖全市人才工作的需要,全面破除人才工作者的行动"壁垒"。很多地方人才工作往往被看作是组织部和人力社保局的专职,然而在余姚,"有分工,但不分家",各个部门齐头并进,无缝合作,"木桶效应"突出。横向上,人才工作者在部门联动的助力下,更能提升工作效能。在市委人才工作领导小组的指导下,市委人才办"C位领衔",其他市级职能部门相关科室整齐"出演",共同组建人才工作"核心圈层"。比如人力资源与社会保障局下设人才市场管理办公室、人才开发科、专业技术人员管理科;科技局下设合作人才科……这些人才管理部门合纵连横,交往密切,大大降低了人才工作者跨部门的沟通协作成本。在纵向上,优秀人才工作者也下沉到基层,在乡镇街道设置乡镇人才工作服务站,让基层人才工作者"听得见炮火"。这也是余姚人才工作"接地气"的重要原因。此外,在市委领导下,积极设立企业助创专员①、乡镇与企业人才工作联络员②、驻北—上—深招商引智小分队③等新型人才工作者角色,进一步延伸了基层人才工

---

① 企业助创专员是余姚市针对高层次人才聘任的"妈妈式"项目管家。余姚市通过对人才、企业的需求分析,根据其特征配备一对一、全天候的助创专员,随时随地为人才解决问题。
② 乡镇与企业人才工作联络员是政府与人才相互的传声筒。企业将最迫切的需求诉之于政府,政府将最新的政策解读传达给企业,做到信息的快速传递。
③ 驻北—上—深招商引智小分队是一批"先锋部队"。通过进驻北京、上海、深圳等特大城市,将余姚特色引智工作带到各大高校、行业峰会等人才聚集地,并且量身定制引才服务,做到既招揽项目,又引得人才。

作者的触角及"活动半径"。

——以"提质增效"为重要目标,运用信息网络技术,创新柔性组织机制,让人才工作更加富有弹性。余姚基层人才工作者还在实践中积极运用新型技术手段和管理理念,创新组织运行机制,线上"组群画圈",极大提升了工作效率,降低了沟通协作成本。人力社保局人才开发科叶科长介绍,整个余姚市基层人才工作者串联了众多微信工作群:人才工作者群、人才群、重大活动群……这些群组保证了主体间的亲密对接,具有非常高的响应力。科技局科长方永强举例说:"昨天人才办群里发布一个文件通知,5分钟之内即转发到位。"线下组建"矩阵式"实体组织也时有发生。每逢大型人才活动,比如机器人峰会、智能制造青年学者论坛、河姆智谷国际科技人才洽谈会等,关联的基层人才工作者都会主动组团参与。"遇事大家一起来",不分你我彼此,渐渐地部门边界被模糊了,互帮互助渐成惯性。当问及基层人才工作者的跨部门协作如何实现,他们会简单地告诉你:"工作遇到困难了,发发微信,打打电话,就能落实啦,也就没困难了。"

"散是满天星,聚是一团火"。在"一核多维"的人才工作队伍架构以及弹性灵活的组织运转机制中,一个个活跃于基层的人才工作者个体看似像零星散落的"点",但都在"人才引领发展"的思想统领下,规整有序地服务于各个人才工作"线条",并通过亲密无间的纵横联合和搭配组合,编织出一张覆盖全市社会经济发展需求的人才工作"网络"。基层人才工作者纷纷表示组织的力量是强大的,在组织平台上,广大余姚的基层人才工作者充分感受到激情燃烧的人才工作氛围,体会到党管人才的重要站位,凝心聚力,无畏艰难,稳扎稳打,激发奉献精神及创新活力。

其次,"梦之队"经大浪淘沙,千挑万选,"对"的人"欢迎入伙"(Welcome on board)。

"盖有非常之功,必待非常之人。"若想要高效地进行引智工作,除了组织作为保障之外,基层人才工作者自身也是重要影响要素。习近平总书记曾指出,优秀的公务员应当做到"三个结合":一是把坚定的理想信念和忠诚的责任担当相结合;二是把厚实的真才实学与艰苦的实践磨砺相结合;三是把诚实的道德品行与经常的自我修为相结合。余姚基层人才工作者的务实精神屡屡获得点赞,这

活跃于基层的余姚人才工作者：攥指为拳，合力开创人才工作新局面

正是"三个结合"的有力印证，并成为余姚人才工作者的代表性群体特征。

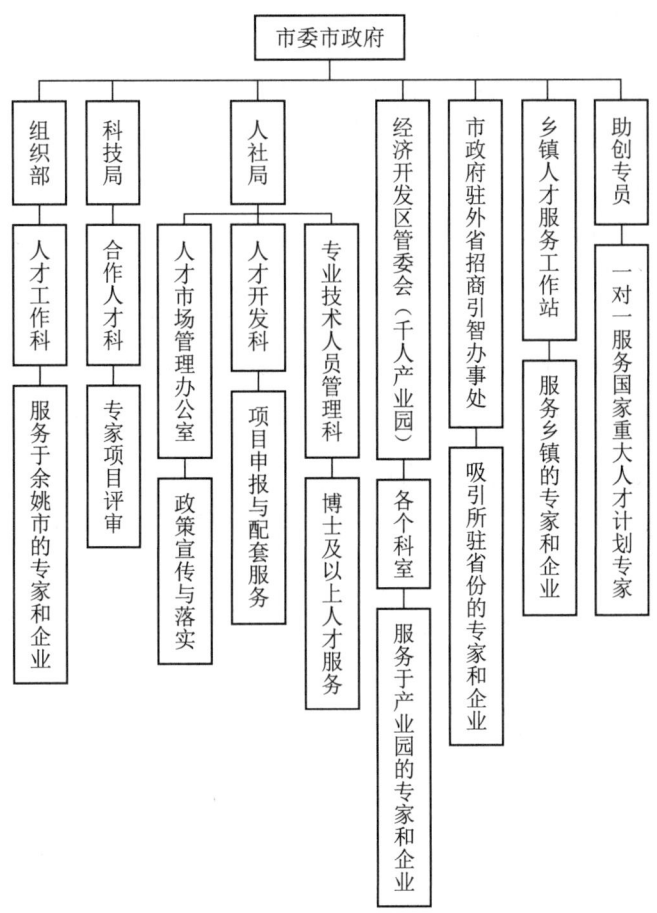

图1 余姚人才工作者队伍组织架构

——信念坚定，责任感与使命感并存。坚定理想信念，坚守共产党人精神追求，始终是共产党人安身立命的根本。余姚人才工作能够有条不紊，通力协作地开展，与基层人才工作者坚定的信念密不可分。余姚市委组织部领导说："因为人才工作的重要性与艰巨性，组织一般会挑选最合适、最恰当的人来做人才工作。特别是在繁重的工作压力之下，任用那些最踏实、最有觉悟、最有担当的干部。"余姚基层人才工作者说："人才工作，'十网九空'，但依然要执

着前行。"正是由于余姚人才工作者的这份担当,一切艰难困苦也都云淡风轻了。全权负责余姚科研项目管理的科技局科长方永强说:"全年算下来约2亿元的科研项目经费,需要历经项目申报、评估、审计多个过程,还要把握原则,坚决不能降低门槛,放水了事。光一个项目申报审批全程跑下来,就得一两个月。再苦再累,也要'随叫随到,随到随办';再麻烦,无非就是'多跑几趟,多加几个班'而已。"

——高光多能,综合素质很"硬核"。余姚基层人才工作者的综合素质全面而"硬核",这是余姚人才工作出成绩的关键原因。"业务知识是关键能力,礼仪礼节与应急反应也非常重要。"余姚驻京招商引智小分队主任潘杰如是说,"人才工作需要对接的专家来自各行各业,人才工作者代表政府与人才进行沟通,专业而丰富的业务知识是开启人才心扉的钥匙。"此外,他们还拥有较强的沟通协作、多头并行的工作能力;他们也拥有对待各种"不确定"的快速反应能力,"备选方案"是他们以不变应万变的法宝。他们还拥有超强的可持续性学习能力。余姚基层人才工作者经常把自己比作"海绵",只有不断汲取新知,才能更好应付业务,对话专家。在国际化人才涌入的形势下,英语似乎成为了他们的标配,甚至有人才工作者自学法语等小语种。他们可以是余姚人才项目或政策的解说家,可以出任余姚风土人情、历史文化等的代言人,也可以变身企业、产业、园区的推介员……

——心有所属,情有独钟,甘愿在余姚安放青春。据不完全统计,余姚基层人才工作者绝大多数都是余姚本地人,其中包含众多逃离"北上广"的名校毕业生。同时,余姚人才工作者从事人才工作的平均时长为5年及以上,具有较强的忠诚度和较高稳定性,并决意在绵长的人才工作中继续安放自己的青春智慧。他们深深地热爱着这片土地,当谈及余姚的山山水水、名胜典故,各个眉飞色舞,如数家珍。你若询问他们缘何回归"余姚",他们会与你讲述对余姚的"乡愁"不可割舍,对余姚的发展充满信心。

二、活跃于基层的人才工作者如何赢得人心

在余姚基层人才工作者眼中,人才工作需要慢水滴灌,细水长流,一切以

活跃于基层的余姚人才工作者：攥指为拳，合力开创人才工作新局面

服务人才为目标。"尽己所能，服务人才"，这是余姚市委组织部副部长、市委人才办常务副主任夏向明写在办公室门口承诺牌上的诺言。在基层人才工作的 8 个年头，他带领着专业化的人才工作队伍在前行中创新，在创新中突破，从全省较早出台县级层面"3 个 500 万"的人才政策，到余姚特色的人才服务品牌声名远扬，无不倾注着夏部长的辛勤汗水和心血。8 年来，夏向明与姚力军、甘中学等一批高端人才之间的情谊逐渐深厚，一些落户不久的专家都将他视为朋友，每当工作生活遇到困难，都会第一时间想到他；当创新创业取得了突破，也会第一时间与他分享。当勤恳成为一种习惯，当用心成为基因，当以提供优质服务成为常态，就不难理解优秀海内外人才如"滚雪球"一样在余姚汇集了。内化于心，外化于行，余姚人才工作者们一直捧着一颗真心，怀揣一颗热心，奉上一片贴心，为人才提供优质服务。

——真心：兢兢业业，一切只为"人才"服务。余姚人才工作者最大的特色就是围绕"服务人才"的大局，主动务实，真心投入，不惜力，不推诿，不懈怠。

只有"真心真爱"才能不惧怕任何艰难险阻。在浙江余姚人才创业园区初创期，只有"三杆枪"，人才工作压力非常巨大。经过全市公开遴选而成功提拔的潘主任，回顾当时的过程，依然历历在目。除了驾驶员，他基本承担了办公室、后勤、人事、招商等多头工作。每天起早贪黑，忙的时候连喝水的时间都没有，5+2、白+黑地连轴转，半年内没有一个休息日……但当他们见证"爱的最高等级"——"妈妈式服务"取得成效时，当他们获得专家点赞好评时，当外界认可了余姚人才工作者的贡献时，所有苦痛都化作了"浮云"。

"一颗真心总是拥有打动人心的力量"。余姚人才工作者资历都较深，但面对顶级专家、知名企业家，他们自感是绝对的"小白"。余姚基层人才工作者坦诚："遇到专家学者，内心其实很紧张、很担心。但真心以待，虚心求教，是开启信任的密钥。""其实熟悉了之后，他们一点都没架子，他们很乐意分享自己的人生经历，并用最宽广的胸襟体恤我们，提点我们。"

"只有真心付出，才能让偶然变成必然"。余姚流传着两盒榨菜的故事：有一次，余姚组织部夏部长专程赶到甘中学家拜访，闲谈中问起："您对余姚情况了解吗？"甘中学打趣说："余姚是河姆渡文化的发源地，另外听说余姚的榨

激发人才创新活力的"余姚生态"

菜挺出名。"没想到,夏部长再次登门时,专程从余姚带来了两盒榨菜送给他。这个小细节,让甘中学真切感受到了这座城市的爱才求才之心,最终决定将事业重心迁到余姚。

——热心:如果想让别人发光,你就得发亮;如果想让人发亮,你就必须燃烧。如果说余姚人才工作者的脸上总是闪着光芒,您相信么?

余姚基层人才工作者说:"对人才工作相关的人和事一定要有热情。"若接待时够不够热情,项目审批时服务管理工作不能让专家满意,或不耐烦的表情稍微流露,都可能导致人才的流失,项目的流产。"人才、企业的满意度是对我们热心工作最大的肯定以及最强的动力!"广大基层人才工作者如是说。

做人才工作的热心人,才能主动锁定问题,明确"痛点",寻找进路。人才市场办公室主任刘遐君介绍说,早几年余姚对国内外本科生的吸引力度非常薄弱,在 2013—2017 的五年间,一般每年只能网获 50 名左右应届本硕学生。针对这个长久以来困扰余姚的问题,人才市场办主动利用年度绩效考评的机会,发起了一个调查,了解到应届毕业生 86.25% 通过企业,8.16% 通过报纸与网站,5.1% 通过学校,3.06% 通过微信 App 了解人才政策。因此,从 2018 年开始,人才市场办都会在智能机器人大赛、智能制造青年人才论坛、河姆智谷计划等大型人才活动中邀请企业参加,重点针对企业进行人才政策解读,并积极利用多个平台加大宣传力度。在一系列努力之下,余姚突破了青年人才引进短板,华丽转身,引才数量得到了井喷式增长。据不完全统计,仅 2018 年一年就吸引了 668 名本硕人才。

——贴心:没有做不到只有想不到,"想你之所想,急你之所急"。尚贤爱才,不仅体现在政治上的关爱、事业上的支持,择其能力而用之,还体现在细节上的用心、点滴的呵护及精准的服务上。这种细致周全、专业精准成为余姚市基层人才工作的标配,并逐渐沉淀成为不一样的"余姚范式"。

甘中学说:"研究院第一期资金 5 000 万元到位后,第二期我还没去要,有关部门到期就主动把款划过来了。在这里做事,不需要你去求人,你可以安心搞专业。"余姚人才工作者总会在你最需要的时候出现,全心全意服务人才需要。"心让我来操,您就放心干。"余姚基层人才工作者如是说。

活跃于基层的余姚人才工作者:攥指为拳,合力开创人才工作新局面

2011年,刘炳宪从日本回到余姚,创立了宁波江丰生物信息技术有限公司。专业上的优势,让他自信满满,但对国内医疗市场的不熟悉让他犹豫踟蹰。余姚市委、市政府专门组建服务小分队,精准对接其需求,并协调余姚市人民医院与他合作建立病理实验室,使他的产品可以直接对接国内医院的工作系统。很快,他的数字病理扫描设备正式上市,2015年就已占领全国市场份额的三分之一,成为业内首选品牌。

——贴心是事无巨细,精准到位,一管到底。关爱人才无小事,关心人才须精准。不论是衣食起居,还是医疗保障、子女就学,只要人才有需求,基层人才工作者总会找准需求,不吝时间,尽力解决。基层人才工作者说:"一个项目要来,留住人才的关键是照顾好他们的家庭,解决子女入学、妻子就职等方方面面的问题。有些优秀企业家,会特别关心员工的吃饭、住宿问题,以及周围有没有生活配套。这些问题说难不难,但一定要用心。"曾任人才创业园人才办主任的潘杰说:"有时一天下来,关乎厂房、员工的衣食住行等问询电话就有120多个,但是个个都得处理到位。"

《礼记·大学》云:"人之视己,如见其肝肺然,则何益矣,此谓诚于中,形于外。"一个人如果内心真诚,必然溢于言表。勉强伪装可以混过一时,却终究难免百密一疏,如果长期心口不一,在其气质上、行为中也会有所异常。余姚基层人才工作者正是由内而外,知行合一、专业精准、全心全意为人才服务,才赢得各路专家对余姚的持续欣赏和信任。

三、人才工作者如何引爆创新

创新组织机制,厚植人才沃土,离不开基层人才工作者的创新与活力。作为最能听得见"炮声"的群体,余姚市基层人才工作者总能在实践探索中撬动改革,并帮助塑造余姚市人才工作的特色,引爆创新动能,扩散创新成果。

——理念创新。十九大报告提出的"党管人才"是人才工作坚持的原则、目标和路径。在现代化人才治理体系下,党管人才其实就是要凸显党爱人才,党兴人才,党聚人才。在党委的统一领导和组织部门的牵头抓总下,余姚基层

激发人才创新活力的"余姚生态"

人才工作者努力研究形势,寻求突破,积极更新观念,重塑人才工作集聚人心的功能和作用,打造现代化人才治理新格局。

通过政治吸纳,增强人才向心力是余姚人才工作的最大特色。近几年来,由市委统一领导,余姚基层人才工作者积极投入,将党管人才、政治吸纳落在实处。访谈中,一位人才工作者告诉我们,余姚市连续多年针对高端人才,创新开展疗休养+红色主题的特色活动。基层人才工作者踩点路线,设计方案,以"爱国、奋斗、奉献"为主题,带领一批批高端人才重走长征路,行程遍及延安、井冈山等革命根据地,对人才进行精神洗礼,增强他们的爱国意识,激发他们共同投身社会主义现代化建设的热情。

"以才引才",全面开启人才"归心工程"。余人才发2018年[4号]文件出台后,正式聘请甘中学等7人为余姚"引才大使",全面实施余姚以才引才的模式。"一到余姚,你就能感受到从上到下对人才的渴望。"被姚力军牵线来到余姚的国家重点人才计划专家、全球著名人工智能科学家甘中学感叹道。从姚力军到甘中学,这就是余姚典型的"以才引才"模式。基层人才工作者也在这样"以才引才"的模式和氛围下,更加重视用优质服务集聚人心,让广大人才自发自愿成为余姚人才政策的宣传员、牵线人,共同促成余姚现代人才治理的宏大格局。

——服务创新。"治国兴邦,人才为急"。随着余姚市招商引智工作的不断深入推进,引进规模成倍增长,对余姚市人才工作也提出了新要求与新挑战。余姚市基层人才工作者充分贯彻习近平总书记提出的"更加积极、更加开放、更加有效"的人才工作方针,不断推陈出新,逐步形成了系列"余姚式"创新举措。

更加积极:对企业"上门服务"。为了适应人才引进大形势,简并服务事项、优化服务流程解,满足人才与企业需求。余姚市人才市场管理办公室采取了主动"上门服务"这一做法,集中为企业与人才落实各类补贴政策。余姚人才市场管理办公室主任刘遐君说:"我们服务的对象主要是应届本科与硕士毕业生,占总服务比例的85%以上。随着引才工作的逐步开展,服务对象与工作总量爆发式增长,考虑到大型企业的用人体量与办公成本,我们主动派相关办事人员入驻企业进行对口服务,让人才、企业少跑,甚至不跑。"

活跃于基层的余姚人才工作者:攥指为拳,合力开创人才工作新局面

更加开放:面向世界搭建引才平台。经济开发区管委会的孙科长介绍,广大余姚人才工作者积极活跃于"主场"的中国机器人峰会、智能制造世界青年学者论坛、"河姆智谷"国际人才科技洽谈会、海外高层次人才联谊会等会上,广泛地开展招才引智宣传,并且积极推进"走出去"战略,深入人才高地,比如中国香港、美国硅谷等,延伸引才触角,博引天下英才。近年来,余姚市精心遴选优秀人才工作者形成驻扎北京、上海与深圳的小分队,开展引智工作。驻深圳小分队成员史皆乐说:"我们的工作就是把准人脉、业脉和金脉,将余姚的橄榄枝抛向各行各业、各界人才,各类资源,为余姚全面打 call。"

更加有效:"雷厉风行"的高效服务。余姚人才工作者的"雷厉风行"是有目共睹的。宁波市智能制造产业研究院理事长甘中学如是评价余姚:"如果你要创业,请把余姚作为你的首要选择。余姚政府的服务非常到位。""专家来到余姚,拎包就能入住";"园区上班不方便,就和公交公司合作办班车";"餐厅饭菜不合口,就从杭州请厨师",经济开发区管委会孙信科长爽利地介绍着种种余姚的"高效服务速度"。"原来是企业先要自己投入,我们才会资助;现在是专家评审通过,我们就先给 250 万元经费。"如此果断而不失严谨的创新做法是余姚人才工作者高效服务的秘诀。

——管理创新。国务院《关于深化人才发展体制机制改革的意见》提出应着眼于破除束缚人才发展的思想观念和体制机制障碍。余姚市基层人才工作者队伍在内部管理中不断精进、自我督促,努力打造一支高素质专业化的人才工作者队伍。

全面落实目标责任制,一管到底。随着余姚人才工作的推进,人才项目逐渐增多,管理压力增大。如何管好这些项目?负责项目管理的基层人才工作者自发启动并落实目标责任制。每月定期梳理盘点分工内的项目落地状态,精细化备注已签约、未注册、已注册等情形,确保项目的全程监督与管理。

人才工作专项述职大会,让基层人才工作者拥有不一样的"高光时刻"。余姚市委每年都会召开各职能部门、各乡镇(街道)的人才工作负责人参加的人才工作专项述职大会,由各个团队汇报人才工作。在这种考核机制下,人才工作者不但拥有了集体展示成果的机会,也激励他们在平时工作中更富动力,

激发人才创新活力的"余姚生态"

工作举措更"实锤"。

四、启示启发

近年来,余姚市人才工作一路高歌猛进,在打造人才生态环境和提高人才服务品质上花大力气,下大功夫,不仅扩大了人才引领全面发展的战略视野格局,还极大提升了余姚人才工作的知名度和美誉度。作为政府与人才、项目、企业的"纽带",人才政策实施落地的"中坚力量",余姚基层人才工作者怀抱对人才工作的最大敬意,不仅积极融入余姚人才工作的整体谋划,还注重对人才工作细节的刻画,为余姚人才工作的巨大成就作出了突出贡献。

"要想人才工作好,人才工作者是块宝"。基层人才工作者在余姚这片热土上活力迸发,激情四射的主要启示有:

第一,攥指为拳,形成人才工作合力,提高团队整体战斗力。余姚人才工作者不单个个深明大义,精明能干,还坚定笃行,不图虚名。他们还愿意与其他人才工作者通力合作,打造招才引智阵线的最强联盟。

第二,余姚基层人才工作者是全市人才战略的"铁粉"。他们在市委、市政府的"人才引领发展"战略的指引下,接受着人才高位发展的战略思路的浸润,历经最严格的组织选拔与考验,不但对人才工作心领神会、深信不疑,还能勇于担当、甘于奉献。

第三,余姚基层人才工作者在"一核多维"的人才工作组织平台上,有坚定的主心骨,有清晰的前进方向。一方面,基层人才工作者接受着市委的最高引领和全面示范,意志坚定,踏实笃行;另一方面,他们还能在纵横交错、相互支撑的多维组织架构上,相互协作,降低办事成本,激发潜能。

第四,余姚基层人才工作者拥有着热情且多能的群体性特征。因为其本色出演,用真心、热心和贴心,换来了"人心",燃烧了自己,照亮了他人。

第五,因为余姚基层人才工作者持续秉持创新的品格,故能突破种种杂音噪声,勇于尝试新颖的人才工作理念、人才服务方式和自我管理方式,不断追求提质增效的各种可能。

Ⅳ 附 录

余姚市人才资源发展状况问卷调查分析报告

为深入了解余姚市人才工作的主要成效、基本经验和存在的问题,上海社会科学院课题组于2019年6月开展了问卷调查工作,调查的主要内容包括基本信息、政府服务和人才政策评价、人才发展环境评价、需求挑战与建议等四个部分,调查对象分别为余姚市域人才(含高层次)、用人单位负责人以及党政负责人和人才工作者。累计发放人才版问卷1 016份(含高层次人才问卷131份),用人单位负责人版问卷102份,党政负责人和人才工作者版问卷386份,三种版本问卷的回收率和有效率均为100%。

一、人才版(含高层次人才)问卷分析结果

(一) 基本信息

1. 性别分布

调查显示,参与调查的人才中,女性共550人,占比54.13%,男性共466人,占比45.87%。

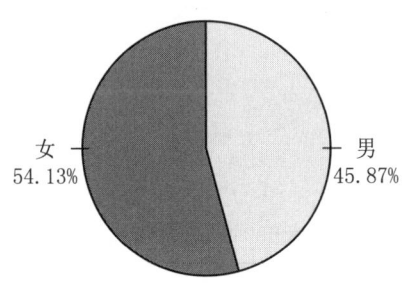

图1 性别分布情况(N=1 016)

2. 年龄分布

从年龄构成看,受访者所在年龄段排在前三位的分别是36—40岁、31—

35岁、41—45岁,占比分别为21.85%、21.06%、15.16%。

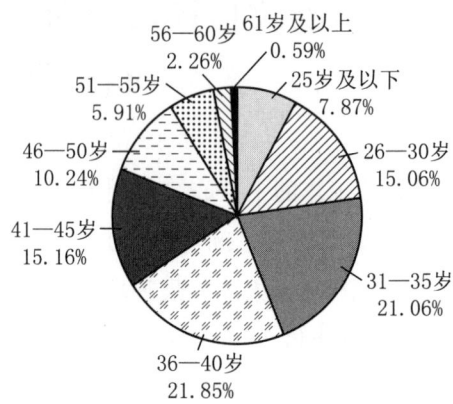

图2 年龄分布情况(N=1 016)

3. 最后学历/学位分布

从学历构成看,受访者以最后学历/学位为本科的人数为主,共653人,占比达到64.27%;其次是大专(15.75%)、中专及以下排在第三(8.56%)。

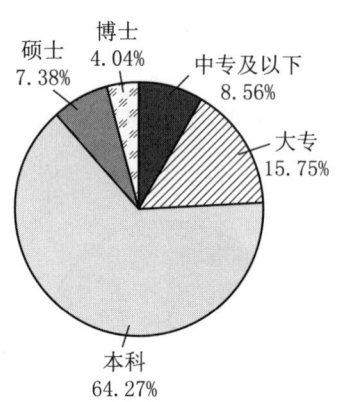

图3 最后学历/学位分布情况(N=1 016)

4. 专业背景分布

调查显示,参与调查的人才专业背景为工学、医学、教育学、管理学的人数最多,占比分别为20.08%、14.37%、11.61%、11.61%;而专业背景为历史类和哲学的则较少，占比分别1.08%和0.30%。

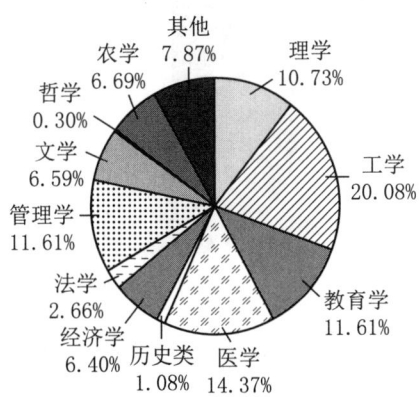

图4 专业背景分布情况（N=1 016）

5. 留学或海外工作的经历分布

从留学或海外工作经历构成看，受访者已有此经历的占6.59%，没有的占93.41%。

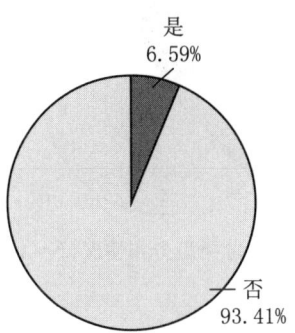

图5 是否有留学或海外工作经历分布情况（N=1 016）

6. 到余姚工作的方式分布

调查显示，近半数的人才是通过事业单位公开招录到余姚工作的，占比达到46.65%；其次是通过企业招聘，占比31.40%；通过其他方式来余姚工作的占比9.74%；而通过挂职锻炼方式的最少，占比为0.69%。

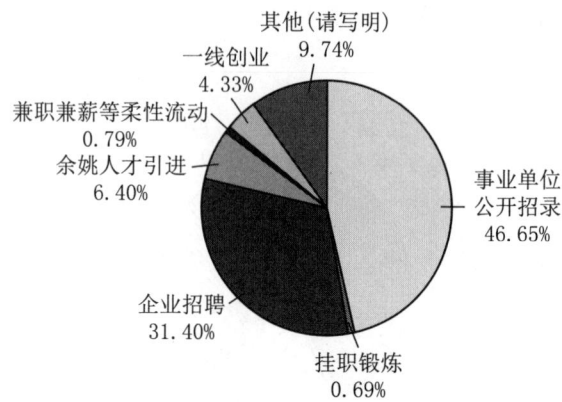

图 6　到余姚工作的方式分布情况（N=1 016）

7. 人才类型分布

从人才类型构成看，受访者以专业技术人才为主，占 55.41%，其次是技能人才，占 18.50%；社会工作人才排在第三，占 14.47%。

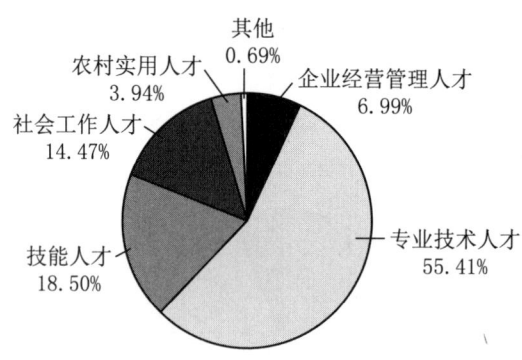

图 7　人才类型分布情况（N=1 016）

8. 工作年限分布

从工作年限构成看，受访者在余姚的工作年限最长为 11 年及以上，占比也最多，为 50.59%；其次是工作年限为 6 至 10 年（含 10 年），占比为 19.39%；工作年限为 1 至 3 年的排第三，占比 16.14%。

9. 国家重点人才计划专家分布

从是否为国家重点人才计划专家的构成来看，受访者是国家重点人才计划专家的共 35 人，占比 3.44%。

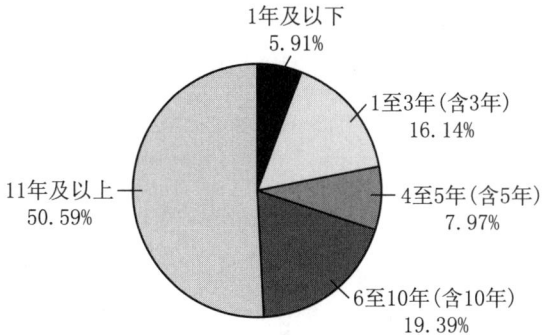

图 8　工作年限分布情况（N=1 016）

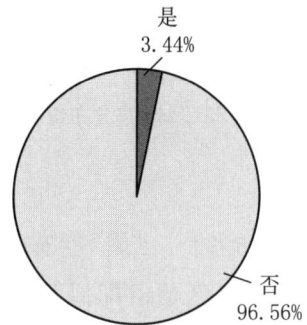

图 9　国家重点人才计划专家分布情况（N=1 016）

10. 浙江省重点人才计划专家分布

从是否为浙江省重点人才计划专家的构成来看，受访者是浙江省重点人才计划专家的共 25 人，占比 2.46%。

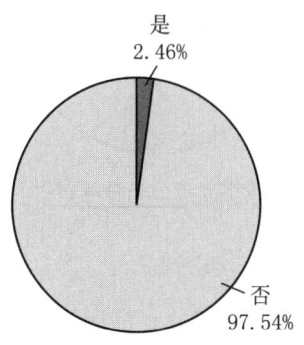

图 10　浙江省重点人才计划专家分布情况（N=1 016）

11. 宁波"3315 计划"分布

从是否入选宁波"3315 计划"的构成看,入选宁波"3315 计划"的共 33 人,占比 3.25%。

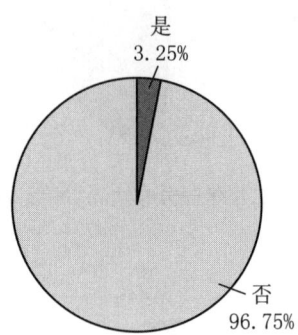

图 11 入选宁波"3315 计划"分布情况(N=1 016)

12. 婚姻状况分布

从婚姻状况分布来看,受访者是"已婚"状态的最多,占 71.65%,其次是"未婚"的受访者占比 15.85%,"已婚但配偶不在余姚"的排第三,占比为 10.83%。

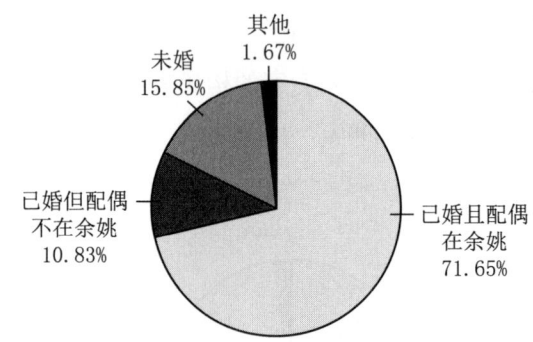

图 12 婚姻状况分布情况(N=1 016)

13. 是否有离开余姚市的打算分布

从是否有离开余姚市的打算的分布情况来看,从未想过要离开余姚市的受访者最多,占比为 72.15%;其次,"原来想过,但现在不打算离开"的占比

13.88%;打算"将来会离开"的受访者排第三,占比为7.09%。

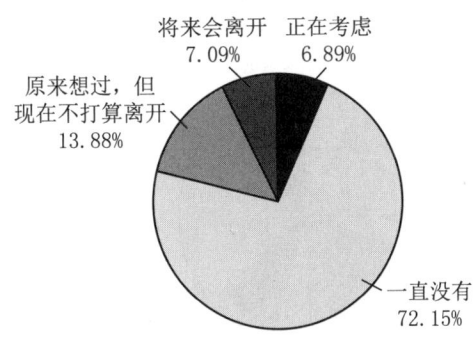

图13 是否有离开余姚市的打算分布情况(N=1 016)

14. 所在单位的组织类型

从所在单位组织类型情况来看,在私营或民营企业的受访者最多,占比分别为29.72%;其次是来自其他事业单位的受访者,占比为26.97%;来自中小学的排第三,占15.26%。

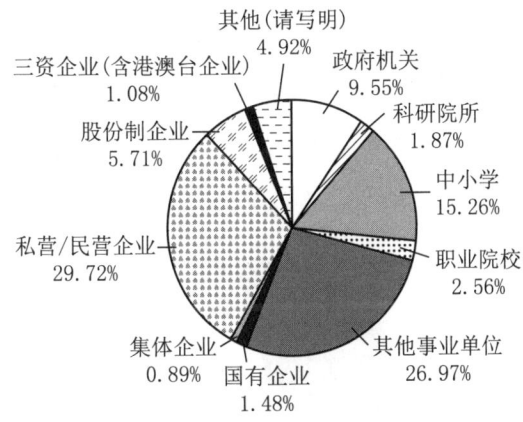

图14 所在单位的组织类型分布情况(N=1 016)

15. 所属产业/行业

从所属产业或行业分布情况来看,受访者所在单位的所属产业/行业为制造业的占比最多,为26.48%;其次是属于教育,占比为19.19%;属于卫生和社会工作的排第三,占 17.13%。

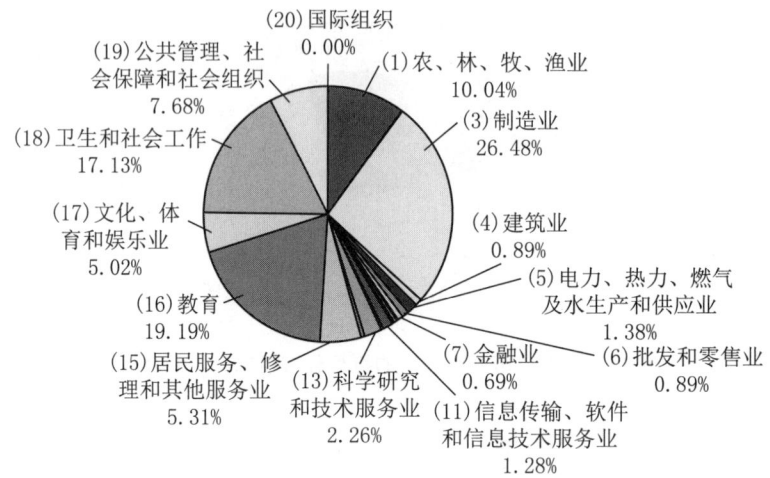

图 15 所属产业/行业分布情况(N=1 016)

(二) 政府服务和人才政策评价

1. 对余姚市人才政策的了解程度

从对余姚市人才政策的了解程度的构成看,排在第一的是一般了解,占 44.69%;其次是不太了解,占 23.52%;排在第三的是比较了解,占 22.64%。

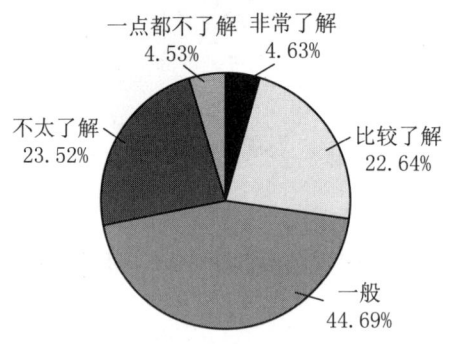

图 16 对余姚人才政策的了解程度分布情况(N=1 016)

从高层次人才对人才政策的了解来看,排在第一的是比较了解,占

38.93%；其次是一般了解，占35.11%；排在第三的是不太了解，占12.98%。与所有被调查的人才了解程度相比，高层次人才明显偏高，非常了解+比较了解的占比达到50.38%。

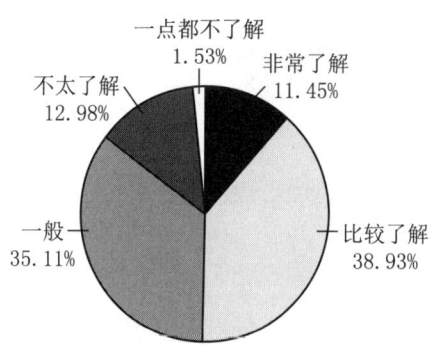

图17 高层次人才对余姚人才政策的了解程度分布情况（N=131）

2. 获知人才政策的及时性

从对获知人才政策的及时性的构成看，排在第一的是一般，占50.02%；其次是不太及时，占21.95%；排第三的是比较及时，占15.85%。

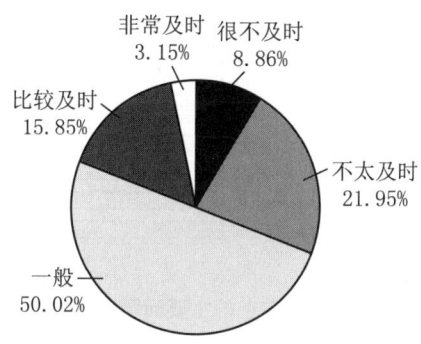

图18 获知人才政策的及时性分布情况（N=1 016）

从高层次人才获知人才政策的及时性来看，排在第一的是一般，占35.11%；其次是比较及时，占32.82%；排在第三的是不太及时，占16.03%。高层次人才认为非常及时和比较及时的占比为41.22%，明显高于所有被调查人才这两项占比（19.00%）。

激发人才创新活力的"余姚生态"

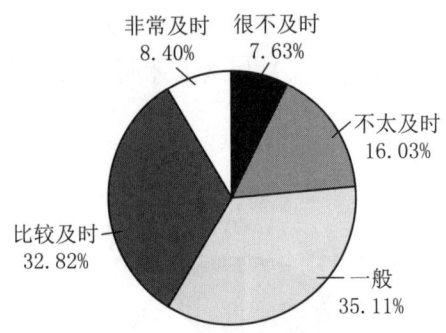

图19　高层次人才获知人才政策的及时性分布情况（N=131）

3. 余姚人才政策存在的主要问题

从余姚市人才政策存在的主要问题的构成看，359位受访者认为排第一位的是"与外地比无优势"；其次有334位认为"政策配套不完善"；排第三的是315位受访者认为"政策透明度和普及率不高"。

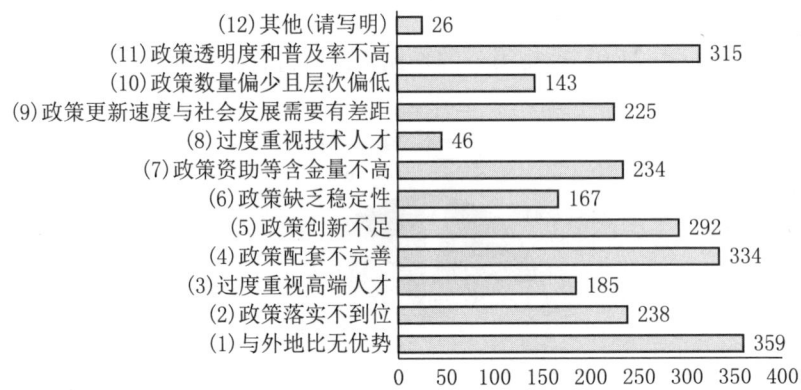

图20　余姚市人才政策存在的主要问题分布情况（N=1 016）

4. 实际工作感受与心理预期的匹配

从实际工作感受和心理预期的匹配情况的构成看，排在前三位的分别是政策实施效果、发展环境预期和组织保障预期，平均预期匹配值分别为3.400、3.283和3.276（其中，N表示不了解，1表示不匹配，2表示不太匹配，3表示一般，4表示比较匹配，5表示非常匹配。下同）。

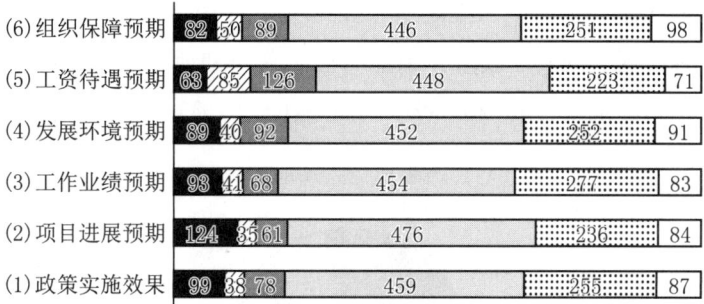

图 21　实际工作感受与心理预期的匹配分布情况（N=1 016）

表 1　受访者实际工作感受与心理预期的匹配度均值

心理预期维度	均值	标准差	样本*
（1）政策实施效果	3.400	0.966	917
（2）项目进展预期	3.306	0.941	892
（3）工作业绩预期	3.317	0.969	923
（4）发展环境预期	3.283	0.939	927
（5）工资待遇预期	3.072	0.978	953
（6）组织保障预期	3.276	0.989	934

备注：*表示此处的各关注指标的样本数是指扣除了选取题项"N"的样本数。

从高层次人才实际工作感受和心理预期的匹配情况的构成看，排在前三位的分别是政策实施效果、工作业绩预期和项目进展预期，平均预期匹配值分别为3.624、3.624和3.585。从各项预期的均值来看，高层次人才实际工作感受与心理预期的匹配度明显好于所有人才的均值。

表 2　高层次人才实际工作感受与心理预期的匹配度均值

心理预期维度	均值	标准差	样本*
（1）政策实施效果	3.624	0.940	125
（2）项目进展预期	3.585	0.943	123
（3）工作业绩预期	3.624	0.966	125
（4）发展环境预期	3.583	0.949	127
（5）工资待遇预期	3.365	0.968	126
（6）组织保障预期	3.551	0.959	127

备注：*表示此处的各关注指标的样本数是指扣除了选取题项"N"的样本数。

5. 余姚市现有人才政策满足人才及其所在组织的需求分布

从余姚市现有的人才政策体系能否满足您及您所在组织的需求构成看，排在前三位的分别为一般(48.33%)、基本能(32.97%)、基本不能(10.43%)。

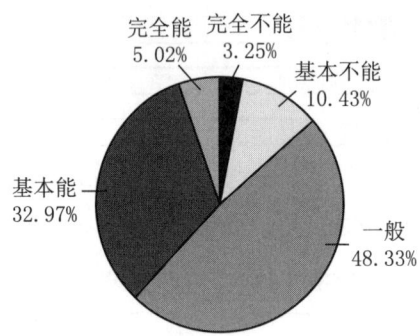

图22　余姚市现有人才政策满足人才及其所在组织组织需求分布情况(N=1 016)

从高层次人才认为现有的人才政策体系能否满足自身及所在组织的需求构成来看，排在前三位的分别为一般(45.04%)、基本能(34.35%)、完全能(9.92%)。高层次人才认为完全能和基本能的占比为44.27%，明显高于所有被调查人才这两项占比(37.99%)。

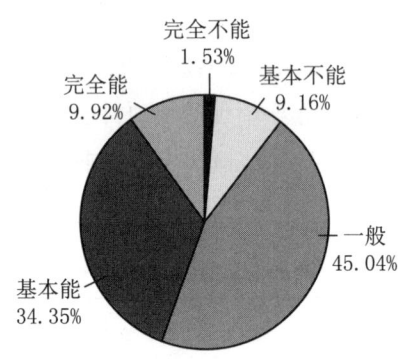

图23　余姚市现有人才政策满足高层次人才及其所在组织组织需求分布情况(N=131)

6. 余姚市高层次人才引进相关政策的实施效果

从余姚市高层次人才引进相关政策的实施效果重要性和满意度评价来看，重要性均值排在前三位的分别为知识产权保护政策(3.696)、资金支持/子女入学/医疗保障(3.689)、落户居住(3.589)；满意度均值排在前三位的分别为知识产权保护政策(3.515)、落户居住(3.494)、办公场所(3.493)。重要性和满意度均值差值①排在前三位的分别是资金支持(0.230)、医疗保障(0.209)、子女入学(0.207)。

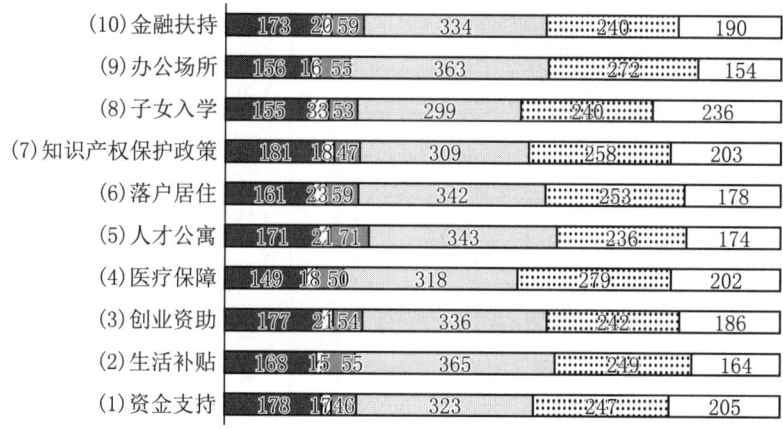

图 24　余姚市高层次人才引进相关政策的实施效果重要性分布情况(N=1 016)

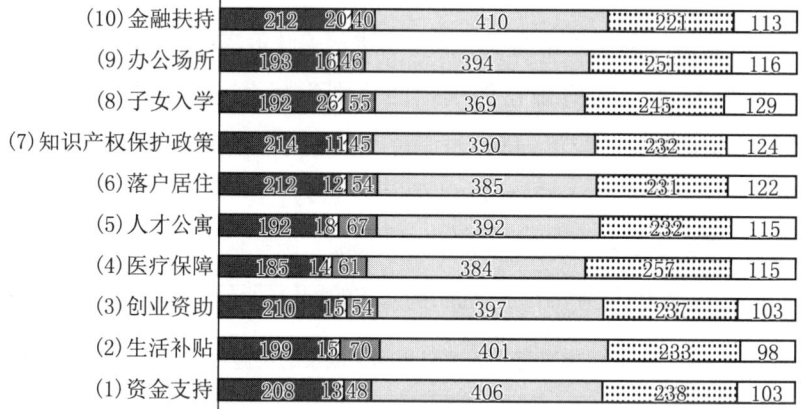

图 25　余姚市高层次人才引进相关政策的实施效果满意度分布情况(N=1 016)

---

① 一般而言,在评价结果的运用上,重要性和满意度差值的意义要大于单纯的重要性和满意度评价。重要性和满意度差值能更好地反映被访者的心理落差程度,可为未来工作指明方向。在进行分析时,首先应关注差值大、重要性高的;其次是差值大、重要性居中的;再次是差值居中的、重要性高的。也就是说,重要性高的,而满意度低的才具有解释价值。从对人才工作成效评价的角度看,重要性和满意度都高,说明工作方向对且成效好;重要性高、满意度低,说明工作方向对但成效不好;重要性和满意度都不高,说明工作方向不对且没有成效;重要性不高、满意度高,说明工作虽取得一些成效但方向不对。

147

激发人才创新活力的"余姚生态"

表3 余姚市高层次人才引进相关政策的实施的重要性和满意度均值

	重要性				实际效果满意度			差值
	均值	标准差	样本*		均值	标准差	样本*	
资金支持	3.689	0.967	838	资金支持	3.458	0.848	808	0.230
生活补贴	3.580	0.931	848	生活补贴	3.403	0.873	817	0.177
创业资助	3.617	0.979	839	创业资助	3.446	0.865	806	0.171
医疗保障	3.689	0.959	867	医疗保障	3.479	0.880	831	0.209
人才公寓	3.557	0.988	845	人才公寓	3.436	0.905	824	0.121
落户居住	3.589	0.979	855	落户居住	3.494	0.882	804	0.095
知识产权保护政策	3.696	0.969	835	知识产权保护政策	3.515	0.868	802	0.180
子女入学	3.689	1.056	861	子女入学	3.481	0.941	824	0.207
办公场所	3.573	0.918	860	办公场所	3.493	0.872	823	0.080
金融扶持	3.618	0.984	843	金融扶持	3.457	0.882	804	0.161

备注:*表示此处的各关注指标的样本数是指扣除了选取题项"N"的样本数。

从高层次人才对余姚市高层次人才引进相关政策实施效果的重要性和满意度评价来看,重要性均值排在前三位的分别为资金支持(4.081)、创业资助(4.034)、知识产权保护政策(4.034);满意度排在前三位的分别为知识产权保护政策(3.775)、资金支持(3.774)、落户居住(3.773);重要性和满意度差值排在前三位的分别是创业资助(0.370)、金融扶持(0.362)、医疗保障(0.350)。从各项实施效果的重要性和满意度评价来看,高层次人才的均值明显高于所有人才的均值。

表4 高层次人才认为余姚市高层次人才引进相关政策的实施效果的重要性和满意度均值

	重要性				实际效果满意度			差值
	均值	标准差	样本*		均值	标准差	样本*	
资金支持	4.081	0.957	123	资金支持	3.774	0.849	115	0.307
生活补贴	3.855	0.934	124	生活补贴	3.602	0.853	118	0.253
创业资助	4.034	0.980	119	创业资助	3.664	0.875	113	0.370
医疗保障	3.952	0.929	125	医疗保障	3.602	0.881	118	0.350
人才公寓	3.847	0.978	124	人才公寓	3.602	0.915	118	0.245
落户居住	3.829	0.989	123	落户居住	3.773	0.892	110	0.057

续表

重要性				实际效果满意度				差值
	均值	标准差	样本*		均值	标准差	样本*	
知识产权保护政策	4.034	0.961	117	知识产权保护政策	3.775	0.888	111	0.259
子女入学	3.874	1.026	119	子女入学	3.651	0.961	109	0.223
办公场所	3.779	0.948	122	办公场所	3.729	0.882	118	0.050
金融扶持	3.975	0.944	118	金融扶持	3.613	0.881	111	0.362

备注：*表示此处的各关注指标的样本数是指扣除了选取题项"N"的样本数。

7. 余姚市政府管理服务和各项政策的重要程度及满意度

从余姚市政府管理服务和各项政策进行评价的重要性和满意度评价来看，重要性排在前三位的指标分别为政策的协同性（3.670）、战略定力（3.665）、政策的落地性（3.662）；满意度排在前三位的指标分别为战略思维（3.549）、传统人文优势（3.547）、政策的开放性（3.545）；重要性和满意度差值排在前三位的指标分别是政策的协同性（0.164）、政府服务效率（0.142）、战略定力和政策的灵活性（0.140）。

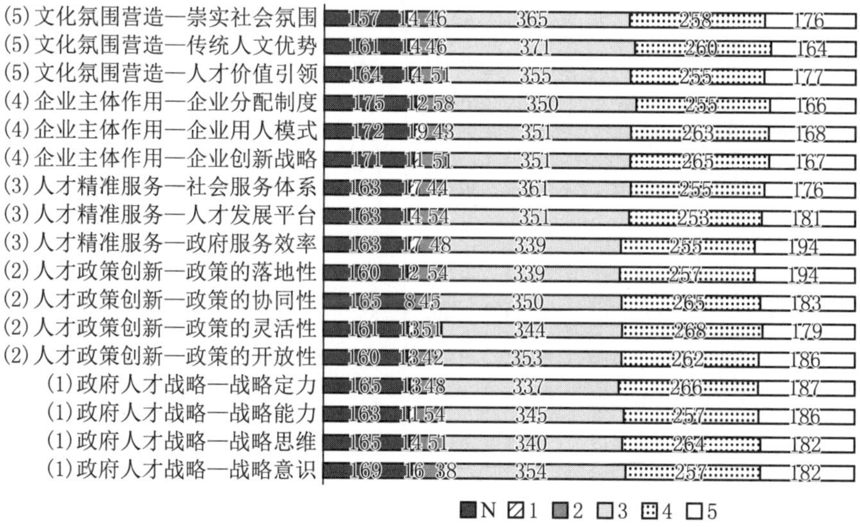

图 26 人才对余姚市政府管理服务和各项政策的重要性分布情况（N=1 016）

备注：N 表示不了解，1 表示很不重要，2 表示不太重要，3 表示一般，4 表示比较重要，5 表示非常重要。下同。

激发人才创新活力的"余姚生态"

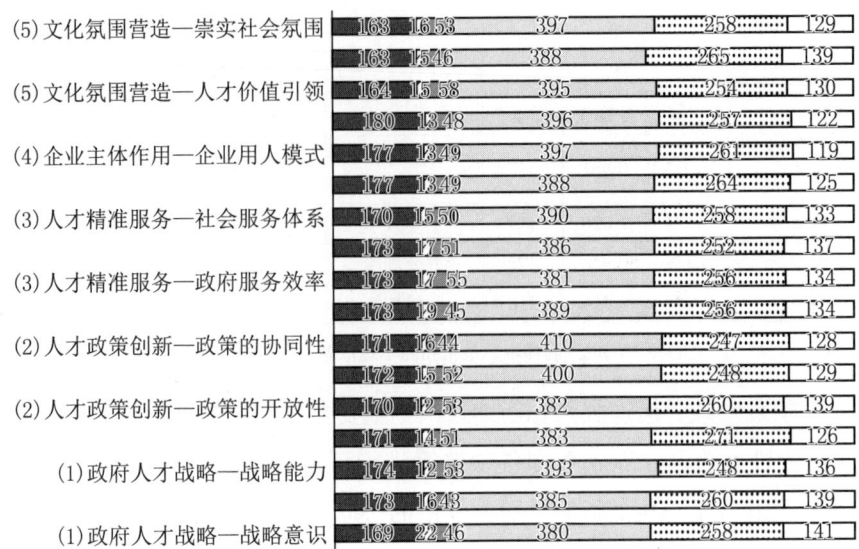

图27 人才对余姚市政府管理服务和各项政策的满意度分布情况（N=1 016）

表5 余姚市政府管理服务和各项政策的重要性和满意度均值

重要维度	关注指标	重要性			满意度			差值
		均值	标准差	样本	均值	标准差	样本	
政府人才战略	战略意识	3.651	0.927	847	3.531	0.920	847	0.119
	战略思维	3.645	0.936	851	3.549	0.891	843	0.096
	战略能力	3.648	0.932	853	3.526	0.885	842	0.122
	战略定力	3.665	0.931	851	3.525	0.876	845	0.140
人才政策创新	政策的开放性	3.661	0.921	856	3.545	0.887	846	0.116
	政策的灵活性	3.642	0.927	855	3.502	0.886	844	0.140
	政策的协同性	3.670	0.902	851	3.505	0.878	845	0.164
	政策的落地性	3.662	0.942	856	3.523	0.900	843	0.139
人才精准服务	政府服务效率	3.658	0.955	853	3.516	0.905	843	0.142
	人才发展平台	3.625	0.940	853	3.523	0.904	843	0.102
	社会服务体系	3.620	0.933	853	3.525	0.888	846	0.095
企业主体作用	企业创新战略	3.622	0.911	845	3.523	0.870	839	0.099
	企业用人模式	3.614	0.934	844	3.505	0.862	839	0.108
	企业分配制度	3.600	0.926	841	3.511	0.866	836	0.090

续表

重要维度	关注指标	重要性			满意度			差值
		均值	标准差	样本	均值	标准差	样本	
文化氛围营造	人才价值引领	3.622	0.932	852	3.500	0.893	852	0.122
	传统人文优势	3.601	0.911	855	3.547	0.887	853	0.054
	崇实社会氛围	3.624	0.922	859	3.505	0.888	853	0.119

从高层次人才对余姚市政府管理服务和各项政策的重要性和满意度评价来看，重要性均值排在前三位的分别为战略意识（4.059）、战略思维（4.033）、战略能力/战略定力（4.008）；满意度排在前三位的分别为战略意识（3.899）、战略思维/战略定力/政策的开放性（3.891）、政府服务效率（3.849）；重要性和满意度差值排在前三位的分别是政策的协同性（0.269）、政策的落地性（0.187）、政策的灵活性（0.178）。从各项管理服务和政策的重要性和满意度评价来看，高层次人才的均值明显高于所有人才的均值。

表6 高层次人才对余姚市政府管理服务和各项政策的重要性和满意度均值

重要维度	关注指标	重要性			满意度			差值
		均值	标准差	样本	均值	标准差	样本	
政府人才战略	战略意识	4.059	0.937	119	3.899	0.928	119	0.160
	战略思维	4.033	0.936	121	3.891	0.911	119	0.142
	战略能力	4.008	0.934	121	3.882	0.895	119	0.126
	战略定力	4.008	0.941	122	3.891	0.896	119	0.117
人才政策创新	政策的开放性	3.984	0.921	122	3.891	0.917	119	0.093
	政策的灵活性	3.934	0.937	122	3.756	0.916	119	0.178
	政策的协同性	3.975	0.902	120	3.706	0.918	119	0.269
	政策的落地性	3.918	0.952	122	3.731	0.920	119	0.187
人才精准服务	政府服务效率	3.959	0.959	123	3.849	0.905	119	0.111
	人才发展平台	3.910	0.980	122	3.782	0.954	119	0.128
	社会服务体系	3.869	0.963	122	3.782	0.918	119	0.087
企业主体作用	企业创新战略	3.893	0.921	121	3.782	0.920	119	0.111
	企业用人模式	3.874	0.936	119	3.706	0.932	119	0.168
	企业分配制度	3.815	0.946	119	3.712	0.916	118	0.103

续表

重要维度	关注指标	重要性			满意度			差值
		均值	标准差	样本	均值	标准差	样本	
文化氛围营造	人才价值引领	3.851	0.922	121	3.767	0.911	120	0.085
	传统人文优势	3.795	0.931	122	3.775	0.927	120	0.020
	崇实社会氛围	3.893	0.942	122	3.758	0.918	120	0.135

(三) 人才发展环境评价

1. 影响人才选择到余姚工作的因素分析

从影响人才选择到余姚工作的因素构成看，排第一位的是家人团聚，有398位受访者选择，占39.17%；其次是产业发展环境好，有355位受访者选择，占34.94%；第三位是315位受访者选择的人文生态环境好，占31.00%。

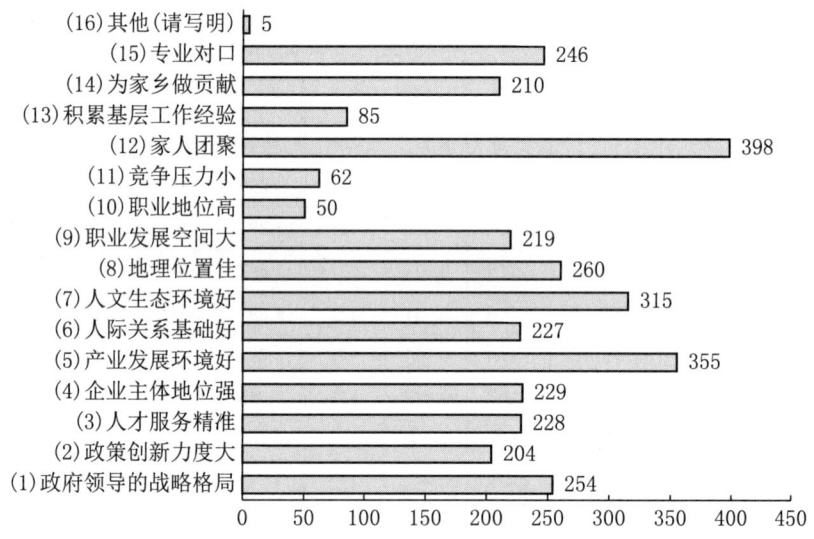

图28 影响选择到余姚工作的因素分布情况(N=1 016)

2. 余姚市人才发展环境的重要程度及满意程度

从人才发展环境总体上看，重要性排在前三位的分别为文化环境(3.692)、生活环境(3.690)、法制政策环境(3.689)；满意度排在前三位的分别为文化环境(3.560)、生活环境(3.542)、经济发展环境(3.535);重要性和满意度差值排在前三位的分别是人力资源市场环境(0.179)、法制政策环境(0.166)、生活环境(0.148)。

表7 人才对余姚市人才发展环境重要性和满意度均值

重要维度	重要性			实际效果满意度			差值
	均值	标准差	样本*	均值	标准差	样本*	
经济发展环境	3.681	0.890	1 016	3.535	0.859	1 016	0.145
人力资源市场环境	3.627	0.901	1 016	3.448	0.899	1 016	0.179
政务环境	3.614	0.930	1 016	3.474	0.912	1 016	0.140
生活环境	3.690	0.946	1 016	3.542	0.917	1 016	0.148
文化环境	3.692	0.922	1 016	3.560	0.892	1 016	0.132
法制政策环境	3.689	0.943	1 016	3.523	0.901	1 016	0.166
海外引才环境	3.613	0.912	1 016	3.491	0.889	1 016	0.122

备注:*表示此处的样本数为总样本数,在实际计算各指标的均值时已扣除了选取题项"N"的样本数。

从经济发展环境构成看,重要性排在前三位的分别为主导产业的发展前景(3.709)、主导产业的影响力(3.688)、主导产业的集聚度(3.673);满意度排在前三位的分别为主导产业成熟度(3.561)、主导产业的集聚度(3.554)、经济发展水平(3.547);重要性和满意度差值排在前三位的分别是主导产业的影响力(0.167)、主导产业的发展前景(0.166)、产业结构转型效果(0.161)。

从人力资源市场环境构成看,重要性排在前三位的分别为高层次人才引进的难易程度(3.635)、人力资源市场监督与保护水平(3.634)、普通劳动力的受教育程度(3.633);满意度排在前三位的分别为人力资源市场监督与保护水平(3.496)、普通劳动力的受教育程度(3.485)、人力资源服务机构的服务水平(3.478);重要性和满意度差值排在前三位的分别是工资收入水平(0.271)、技能类人才招聘的难易程度(0.186)、企业经营管理人才的供给水平(0.181)。

从政务环境构成看,重要性排在前三位的分别为政府部门监管力度(3.645)、政府部门监管效率(3.622)、政府部门监管能力(3.615);满意度排在前三位的分别为政府部门监管能力(3.501)、政府部门监管效率(3.493)、政府部门监管力度(3.485);重要性和满意度差值排在前三位的分别是政府部门监管力度(0.160)、政府部门的官僚作风(0.157)、政府部门监管效率(0.129)。

从生活环境构成看,重要性排在前三位的分别为社会安全状况(3.856)、基础教育质量(3.701)、公共交通状况和地区公路/铁路密度(3.681);满意度排在前三位的分别为社会安全状况(3.682)、基础教育质量(3.543)、地区公路/铁路密度(3.534);重要性和满意度差值排在前三位的分别是医疗服务水平(0.177)、社会安全状况(0.174)、基础教育质量(0.158)。

从文化环境构成看,重要性排在前三位的分别为居民对教育的重视程度(3.830)、社会价值取向(3.692)、居民对创新的认识程度(3.689);满意度排在前三位的分别为居民对教育的重视程度(3.692)、倡导创业的社会氛围(3.583)、居民对创新的认识程度(3.550);重要性和满意度差值排在前三位的分别是社会价值取向(0.144)、社会人才观念/居民对创新的认识程度(0.139)、居民对教育的重视程度(0.138)。

从法制政策环境构成看,重要性排在前三位的分别为法律法规执行力度(3.698)、相关政策的透明度(3.690)、相关政策的完备性(3.687);满意度排在前三位的分别为法律法规执行力度(3.558)、相关政策的完备性(3.549)、相关政策的稳定性(3.524);重要性和满意度差值排在前三位的分别是相关政策的透明度(0.201)、相关政策的有效性(0.196)、相关政策的可操作性(0.168)。

从海外引才环境构成看,重要性排在前三位的分别为海外资金与项目引进的效果(3.627)、海外人才引进的效果(3.620)、居民对外国人及文化的包容性(3.614);满意度排在前三位的分别为居民对外国人及文化的包容性(3.534)、海外人才引进的效果(3.494)、海外资金与项目引进的效果(3.474);重要性和满意度差值排在前三位的分别是海外资金与项目引进的效果(0.153)、国际化社区的建设力度(0.130)、海外人才引进的效果(0.126)。

表 8　人才对余姚市人才发展环境重要性和满意度均值

重要维度	重要性			实际效果满意度			差值
	均值	标准差	样本*	均值	标准差	样本*	
产业结构与经济发展的适应性	3.666	0.905	847	3.510	0.854	840	0.156
产业结构转型效果	3.672	0.876	844	3.511	0.850	834	0.161
主导产业成熟度	3.653	0.887	850	3.561	0.856	836	0.092
主导产业的集聚度	3.673	0.894	852	3.554	0.859	839	0.118
主导产业的影响力	3.688	0.885	855	3.520	0.855	840	0.167
主导产业的发展前景	3.709	0.911	856	3.543	0.877	836	0.166
经济发展水平	3.705	0.872	872	3.547	0.863	868	0.158
普通劳动力的受教育程度	3.633	0.883	877	3.485	0.878	878	0.148
高层次人才引进的难易程度	3.635	0.897	858	3.462	0.882	853	0.173
技能类人才招聘的难易程度	3.626	0.888	860	3.439	0.913	856	0.186
企业经营管理人才的供给水平	3.628	0.881	854	3.446	0.904	849	0.181
人力资源服务机构的服务水平	3.630	0.887	860	3.478	0.885	852	0.153
人力资源市场监督与保护水平	3.634	0.889	859	3.496	0.869	847	0.139
工资收入水平	3.604	0.980	896	3.333	0.964	899	0.271
政府部门监管力度	3.645	0.897	871	3.485	0.892	861	0.160
政府部门监管能力	3.615	0.922	873	3.501	0.908	859	0.115
政府部门监管效率	3.622	0.931	873	3.493	0.902	866	0.129
政府部门的官僚作风	3.574	0.969	862	3.417	0.944	854	0.157
环境保护状况	3.635	0.931	897	3.519	0.895	884	0.116
公共交通状况	3.681	0.950	905	3.523	0.911	896	0.157
医疗服务水平	3.669	0.951	903	3.492	0.921	896	0.177
基础教育质量	3.701	0.944	901	3.543	0.908	895	0.158
地区公路/铁路密度	3.681	0.936	904	3.534	0.930	895	0.147
社会安全状况	3.856	0.915	911	3.682	0.912	899	0.174
住房保障水平	3.610	0.997	900	3.504	0.939	887	0.106
社会诚信体系建设	3.678	0.927	898	3.549	0.929	882	0.129
文化设施状况	3.643	0.948	905	3.503	0.938	883	0.140

激发人才创新活力的"余姚生态"

续表

重要维度	重要性			实际效果满意度			差值
	均值	标准差	样本*	均值	标准差	样本*	
社会人才观念	3.675	0.934	901	3.536	0.915	881	0.139
社会价值取向	3.692	0.903	893	3.548	0.877	872	0.144
城市交往信任程度	3.674	0.898	894	3.547	0.891	878	0.128
居民对外地人的包容性	3.656	0.939	905	3.532	0.889	888	0.125
居民对教育的重视程度	3.830	0.919	913	3.692	0.885	897	0.138
居民对创新的认识程度	3.689	0.917	903	3.550	0.847	882	0.139
倡导创业的社会氛围	3.688	0.916	896	3.583	0.856	878	0.104
法律法规执行力度	3.698	0.953	901	3.558	0.902	876	0.140
相关政策的完备性	3.687	0.931	892	3.549	0.879	871	0.138
相关政策的稳定性	3.678	0.941	887	3.524	0.895	869	0.154
相关政策的可操作性	3.683	0.935	879	3.514	0.903	867	0.168
相关政策的透明度	3.690	0.948	883	3.489	0.929	865	0.201
相关政策的有效性	3.700	0.947	881	3.505	0.898	858	0.196
海外人才引进的效果	3.620	0.922	844	3.494	0.901	826	0.126
海外资金与项目引进的效果	3.627	0.906	837	3.474	0.881	820	0.153
国际化社区的建设力度	3.591	0.920	839	3.461	0.888	815	0.130
居民对外国人及文化的包容性	3.614	0.899	857	3.534	0.887	844	0.079

备注：*表示此处的各关注指标的样本数是指扣除了选取题项"N"的样本数。

从高层次人才对人才发展环境评价的总体上看，重要性排在前三位的分别为文化环境(4.084)、法制政策环境(4.030)、生活环境(4.024)；满意度排在前三位的分别为文化环境(3.919)、法制政策环境(3.822)、经济发展环境(3.782)；重要性和满意度差值排在前三位的分别是生活环境(0.260)、人力资源市场环境(0.219)、法制政策环境(0.208)。无论从这7个重要维度，还是从44个关注指标的重要性和满意度评价来看，高层次人才的均值明显高于所有人才的均值。

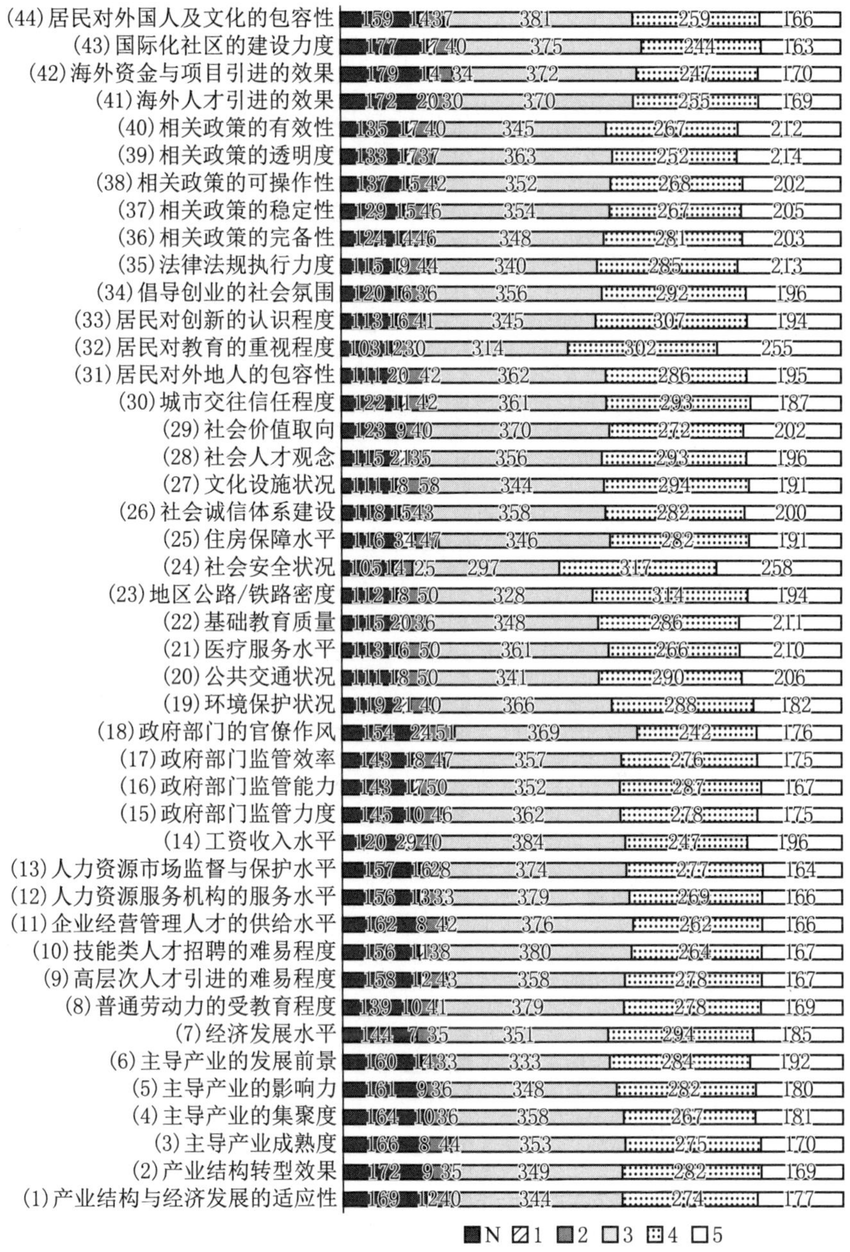

图29 余姚市人才发展环境重要性分布情况(N=1 016)

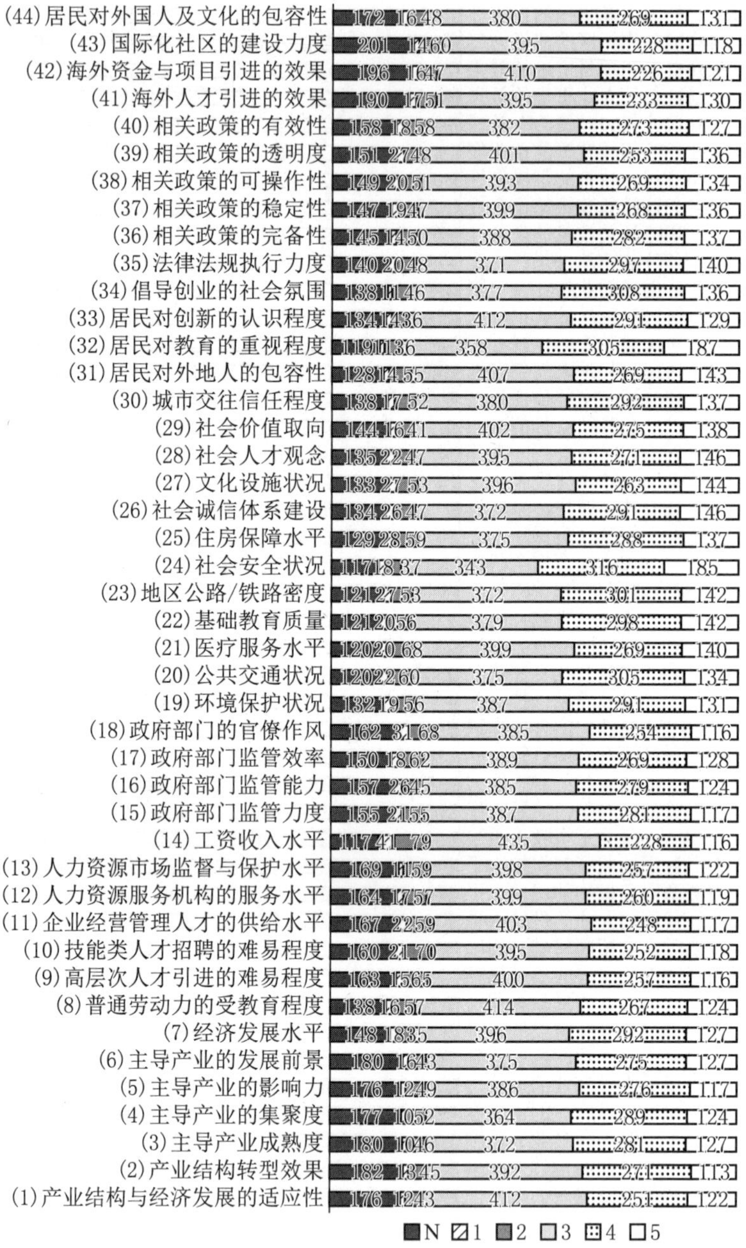

激发人才创新活力的"余姚生态"

图30 人才对余姚市人才发展环境满意度分布情况（N=1 016）

表9 高层次人才对余姚市人才发展环境重要性和满意度均值(1)

重要维度	重要性			实际效果满意度			差值
	均值	标准差	样本*	均值	标准差	样本*	
经济发展环境	3.950	0.893	131	3.782	0.899	131	0.168
人力资源市场环境	3.810	0.911	131	3.590	0.909	131	0.219
政务环境	3.832	0.933	131	3.680	0.912	131	0.153
生活环境	4.024	0.936	131	3.764	0.907	131	0.260
文化环境	4.084	0.926	131	3.919	0.899	131	0.165
法制政策环境	4.030	0.973	131	3.822	0.911	131	0.208
海外引才环境	3.730	0.922	131	3.569	0.899	131	0.160

备注:*表示此处的样本数为高层次人才总样本数,在实际计算各指标的均值时已扣除了选取题项"N"的样本数。

表10 高层次人才对余姚市人才发展环境重要性和满意度均值(2)

重要维度	重要性			实际效果满意度			差值
	均值	标准差	样本*	均值	标准差	样本*	
产业结构与经济发展的适应性	4.018	0.915	114	3.877	0.894	114	0.140
产业结构转型效果	3.877	0.877	114	3.781	0.890	114	0.096
主导产业成熟度	3.872	0.897	117	3.709	0.886	117	0.162
主导产业的集聚度	3.915	0.894	117	3.744	0.899	117	0.171
主导产业的影响力	3.922	0.895	116	3.767	0.895	116	0.155
主导产业的发展前景	4.051	0.901	117	3.735	0.887	117	0.316
经济发展水平	3.992	0.872	120	3.858	0.863	120	0.133
普通劳动力的受教育程度	3.798	0.885	119	3.622	0.878	119	0.176
高层次人才引进的难易程度	3.849	0.898	119	3.664	0.892	119	0.185
技能类人才招聘的难易程度	3.765	0.878	119	3.529	0.913	119	0.235
企业经营管理人才的供给水平	3.822	0.891	118	3.585	0.914	118	0.237
人力资源服务机构的服务水平	3.812	0.897	117	3.598	0.895	117	0.214
人力资源市场监督与保护水平	3.828	0.899	116	3.621	0.899	116	0.207
工资收入水平	3.793	0.960	121	3.512	0.954	121	0.281
政府部门监管力度	3.863	0.896	117	3.752	0.899	117	0.111
政府部门监管能力	3.800	0.932	120	3.675	0.928	120	0.125

激发人才创新活力的"余姚生态"

续表

重要维度	重要性			实际效果满意度			差值
	均值	标准差	样本*	均值	标准差	样本*	
政府部门监管效率	4.034	0.951	117	3.761	0.902	117	0.274
政府部门的官僚作风	3.632	0.959	117	3.530	0.934	117	0.103
环境保护状况	3.931	0.941	116	3.836	0.895	116	0.095
公共交通状况	4.051	0.960	117	3.675	0.921	117	0.376
医疗服务水平	3.925	0.951	120	3.575	0.921	120	0.350
基础教育质量	3.899	0.964	119	3.571	0.908	119	0.328
地区公路/铁路密度	4.059	0.936	119	3.807	0.930	119	0.252
社会安全状况	4.294	0.945	119	4.076	0.922	119	0.218
住房保障水平	4.008	0.907	118	3.805	0.939	118	0.203
社会诚信体系建设	4.068	0.927	117	3.906	0.919	117	0.162
文化设施状况	4.069	0.948	116	3.810	0.948	116	0.259
社会人才观念	3.967	0.954	121	3.835	0.915	121	0.132
社会价值取向	4.137	0.903	117	3.906	0.877	117	0.231
城市交往信任程度	3.875	0.898	120	3.825	0.901	120	0.050
居民对外地人的包容性	4.128	0.939	117	3.983	0.899	117	0.145
居民对教育的重视程度	4.291	0.939	117	4.077	0.895	117	0.214
居民对创新的认识程度	4.138	0.917	116	3.922	0.897	116	0.216
倡导创业的社会氛围	4.085	0.926	117	4.009	0.866	117	0.077
法律法规执行力度	4.000	0.953	120	3.817	0.912	120	0.183
相关政策的完备性	4.017	0.961	119	3.832	0.889	119	0.185
相关政策的稳定性	4.042	0.911	119	3.840	0.899	119	0.202
相关政策的可操作性	4.008	0.936	119	3.798	0.933	119	0.210
相关政策的透明度	4.059	0.940	118	3.771	0.919	118	0.288
相关政策的有效性	4.051	0.937	117	3.872	0.898	117	0.179
海外人才引进的效果	3.905	0.932	116	3.828	0.911	116	0.078
海外资金与项目引进的效果	3.620	0.916	121	3.455	0.881	121	0.165
国际化社区的建设力度	3.701	0.910	117	3.444	0.878	117	0.256
居民对外国人及文化的包容性	3.692	0.899	120	3.550	0.897	120	0.142

备注：*表示此处的各关注指标的样本数是指扣除了选取题项"N"的样本数。

（四）需求挑战与建议

1. 余姚市人才资源短缺的主要原因

从余姚市人才资源短缺的原因构成看，占第一位的是整体薪酬待遇水平偏低，有417位受访者选择，占41.04%；其次是工作和生活成本较高，有390位受访者选择，占38.39%；第三位是389位受访者选择的本地人才供给不足，占38.29%。

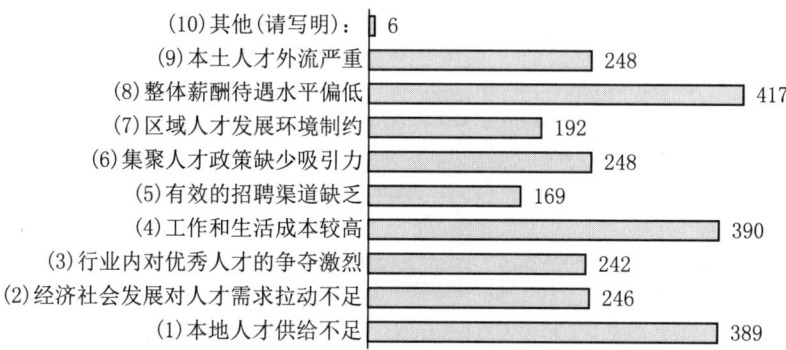

图31　余姚市人才资源短缺的主要原因分布情况（N=1 016）

2. 制约各类人才到余姚市工作的最突出问题

从制约各类人才到余姚市工作的最突出问题的构成看，占第一位的是工资待遇低，有518位受访者选择，占50.98%；其次是事业发展平台缺乏，有286位受访者选择，占28.15%；第三位是255位受访者选择的职业发展阶梯短，占25.10%。

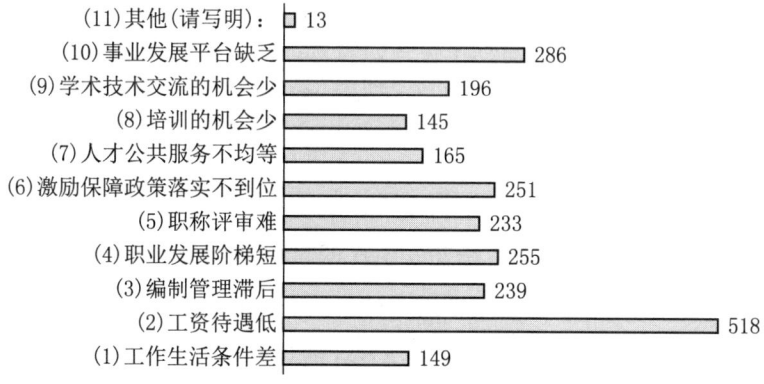

图32　制约各类人才到余姚市工作的最突出问题分布情况（N=1 016）

3. 急需紧缺人才类型

从急需紧缺人才类型的构成看,占第一位的是高级专业技术人员,有567位受访者选择,占55.81%;其次是高级经营管理人员,有467位受访者选择,占45.96%;第三位是309位受访者选择的高级技师,占30.41%。

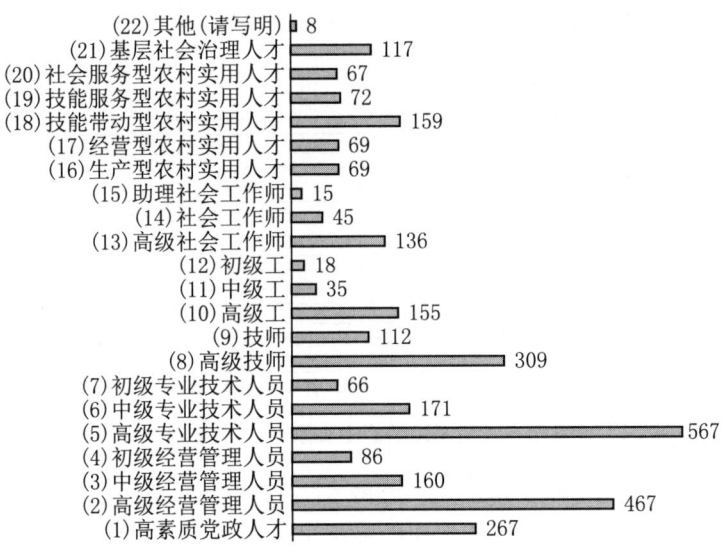

图33 急需紧缺人才类型分布情况（N=1 016）

4. 引导人才在余姚市创业中发挥作用较大的激励政策

从引导人才在余姚市创业中发挥作用较大的激励政策的构成看,占第一位的是提供创业启动基金,有501位受访者选择,占49.31%;其次是实施税收优惠政策,有396位受访者选择,占38.98%;第三位是389位受访者选择的加大科研项目资助,占38.29%。

5. 未来几年余姚市人才资源开发工作的重点

从未来几年余姚市人才资源开发工作的重点的构成看,占第一位的是完善人才激励保障机制,有342位受访者选择,占33.66%;其次是优化"以才引才"措施,有334位受访者选择,占32.87%;第三位是304位受访者选择的引进急需紧缺人才,占29.92%。

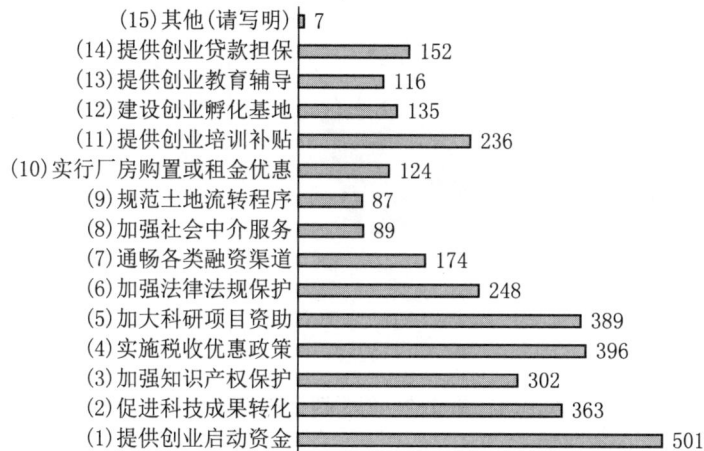

图34 引导人才在余姚市创业中发挥作用较大的激励政策分布情况（N=1 016）

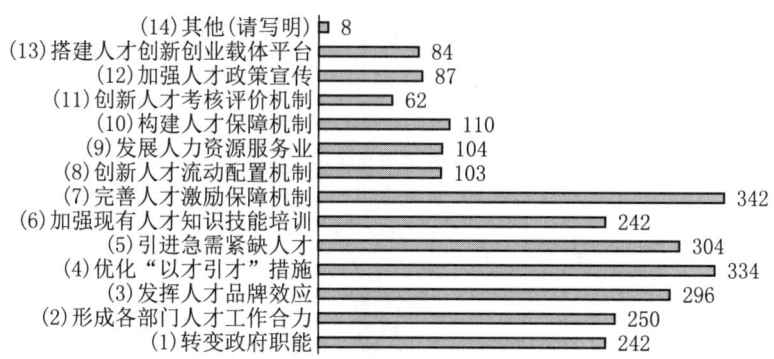

图35 未来几年余姚市人才资源开发工作的重点分布情况（N=1 016）

二、用人单位负责人版问卷分析结果

（一）基本信息

1. 所在单位的组织类型

从所在单位组织类型情况来看，在私营或民营企业的受访者最多，占比为71.57%；其次是来自股份制企业的受访者，占比为9.80%；来自三资企业（含港澳台企业）的排第三，占8.82%。

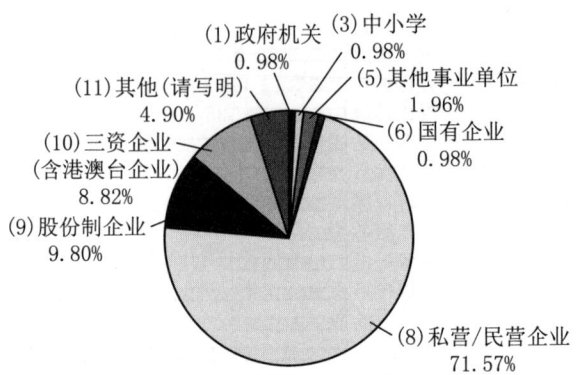

图36 所在单位的组织类型分布情况(N=102)

2. 单位所属产业类型

从单位所属产业类型分布情况来看,受访者所在单位的所属产业类型为制造业的占比最高,为90.20%;其次是建筑业,占比为2.94%;卫生和社会工作/农、林、牧、渔业的排第三,均占1.96%。

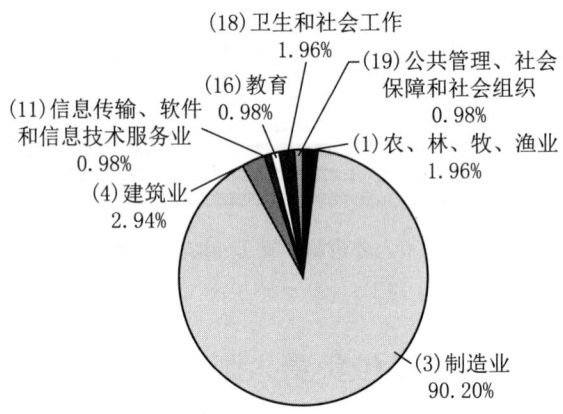

图37 单位所属产业类型分布情况(N=102)

3. 单位人员规模

从单位人员规模分布情况来看,受访者所在单位人员规模在100—499人占比最多,为50.00%;其次是100人以下,占比为20.59%;在500—999人的排第三,占19.61%。

余姚市人才资源发展状况问卷调查分析报告

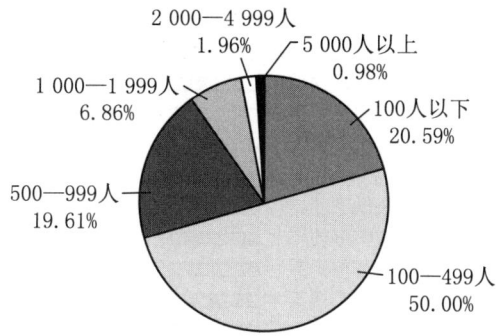

图 38　单位人员规模分布情况（N＝102）

（二）政府服务和人才政策评价

1. 对余姚现有人才政策满足自身和所在组织需求评价

从对余姚市人才政策能否满足自身和所在组织需求构成看，排在第一的是基本能，占 48.04%；其次是一般，占 35.29%；排在第三的是基本不能，占 12.75%。

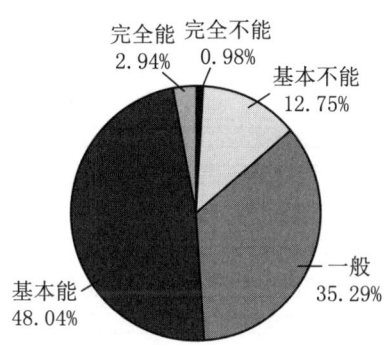

图 39　人才政策能否满足自身和所在组织需求分布情况（N＝102）

2. 余姚人才政策存在的主要问题

从对余姚市人才政策存在的主要问题的构成看，排第一位的是 37 位受访者认为的"政策配套不完善"，占 36.27%；其次有 36 位认为"与外地比无优势"，占 35.29%；排第三的是 35 位受访者认为的"政策创新不足"，占 34.31%。

激发人才创新活力的"余姚生态"

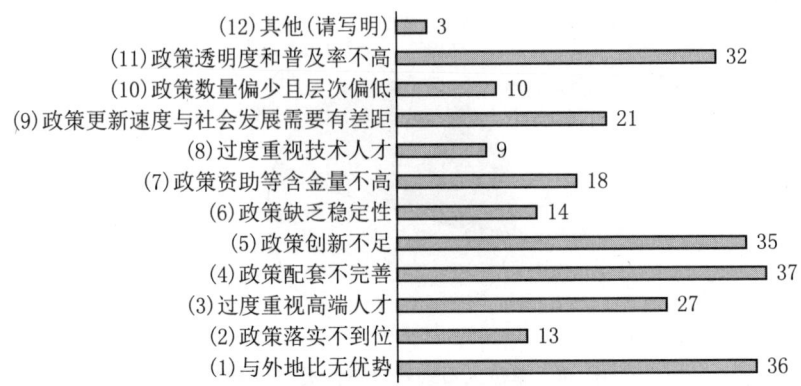

图40 余姚市人才政策存在的主要问题分布情况（N=102）

3. 余姚市高层次人才引进相关政策的实施效果

从对余姚市高层次人才引进相关政策的实施效果重要性和满意度评价来看，重要性排在前三位的分别为知识产权保护政策（4.000）、子女入学（3.988）、资金支持（3.831）；满意度排在前三位的分别为知识产权保护政策（3.763）、资金支持（3.668）、子女入学（3.640）；重要性和满意度差值排在前三位的分别是子女入学（0.348）、金融扶持（0.248）、知识产权保护政策（0.237）。

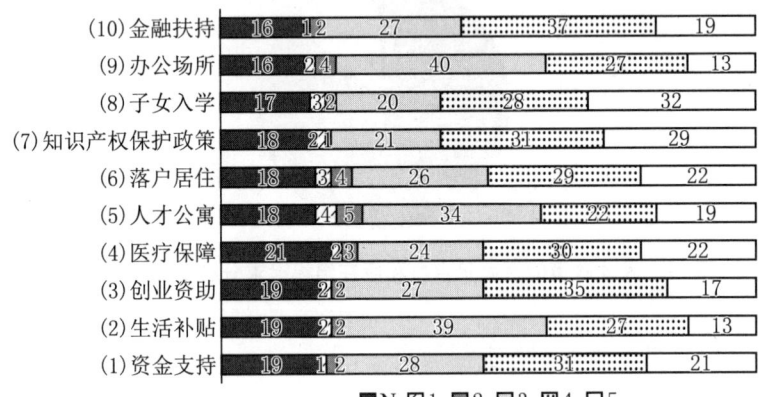

图41 余姚市高层次人才引进相关政策的实施效果重要性分布情况（N=102）

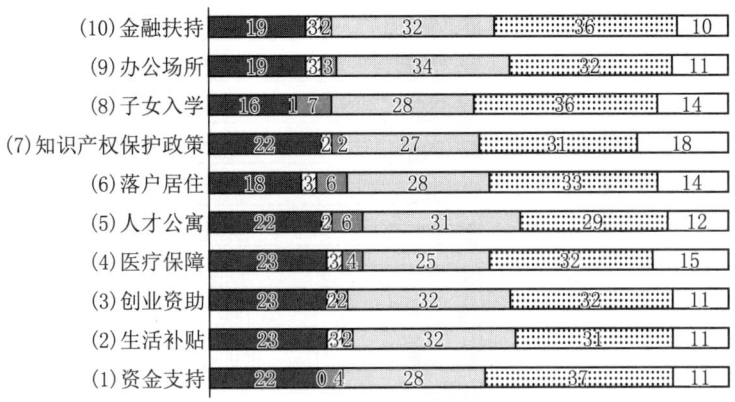

图 42　余姚市高层次人才引进相关政策的实施效果满意度分布情况(N=102)

表 11　余姚市高层次人才引进相关政策的实施效果分布(%)

	重要性				实际效果满意度			差值
	均值	标准差	样本*		均值	标准差	样本*	
资金支持	3.831	0.876	83	资金支持	3.688	0.768	80	0.143
生活补贴	3.566	0.867	83	生活补贴	3.570	0.896	79	-0.004
创业资助	3.759	0.886	83	创业资助	3.608	0.848	79	0.151
医疗保障	3.827	0.953	81	医疗保障	3.658	0.966	79	0.169
人才公寓	3.560	1.051	84	人才公寓	3.538	0.921	80	0.022
落户居住	3.750	1.010	84	落户居住	3.583	0.966	84	0.167
知识产权保护政策	4.000	0.926	84	知识产权保护政策	3.763	0.912	80	0.237
子女入学	3.988	1.012	85	子女入学	3.640	0.888	86	0.348
办公场所	3.523	0.886	86	办公场所	3.542	0.896	83	-0.019
金融扶持	3.826	0.838	86	金融扶持	3.578	0.866	83	0.248

备注：*表示此处样本数为总样本数，在实际计算各指标均值时已扣除了选取题项"N"的样本数。

4. 余姚市政府管理服务和各项政策评价

从对余姚市政府管理服务和各项政策进行评价的重要性和满意度评价来看，重要性排在前三位的指标分别为战略思维(3.992)、战略意识(3.911)、战略能力/战略定力(3.889)；满意度排在前三位的指标分别为政策的开放性(3.761)、社会服务体系/传统人文优势(3.750)、人才价值引领(3.739)；重要性和满意度差值排在前三位的指标分别是战略思维(0.252)、政策的落地性(0.228)、政府服务效率(0.225)。

激发人才创新活力的"余姚生态"

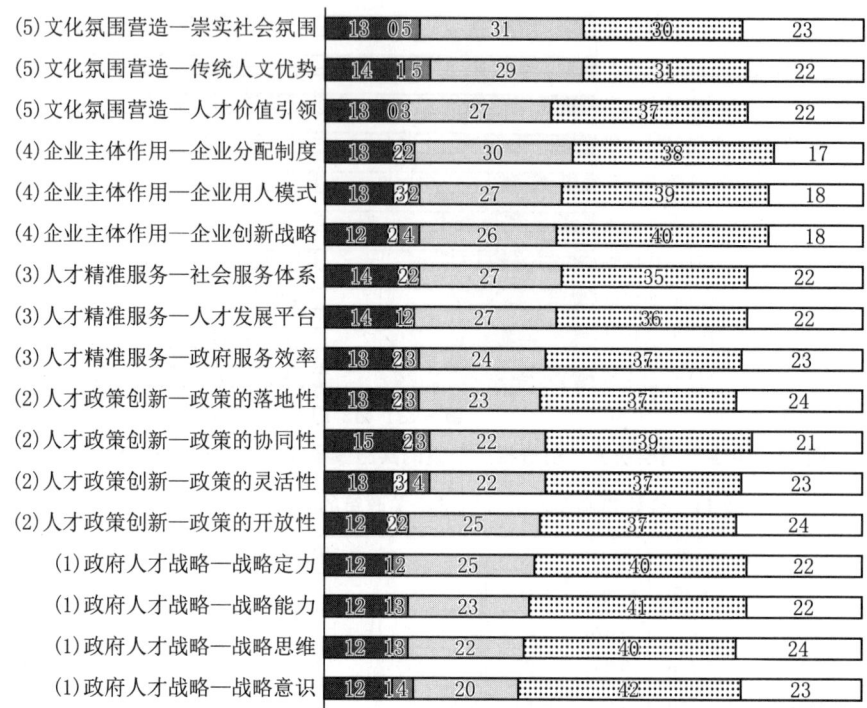

图43 余姚市政府管理服务和各项政策的重要性分布情况（N=102）

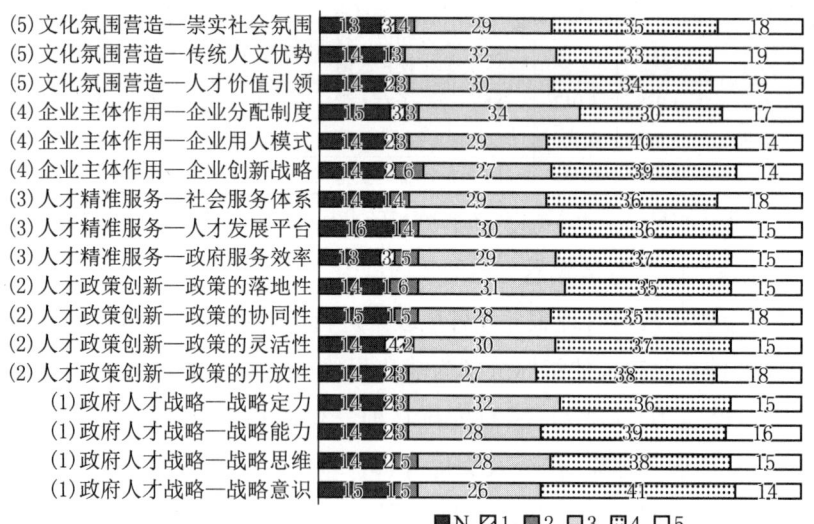

图44 余姚市政府管理服务和各项政策的满意度分布情况（N=102）

表 12　余姚市政府管理服务和各项政策的重要性和满意度均值

重要维度	关注指标	重要性			满意度			差值
		均值	标准差	样本*	均值	标准差	样本*	
政府人才战略	战略意识	3.911	0.865	90	3.713	0.843	87	0.198
	战略思维	3.922	0.859	90	3.670	0.901	88	0.252
	战略能力	3.889	0.849	90	3.727	0.876	88	0.162
	战略定力	3.889	0.836	90	3.670	0.875	88	0.219
人才政策创新	政策的开放性	3.878	0.905	90	3.761	0.892	88	0.117
	政策的灵活性	3.820	0.978	89	3.648	0.942	88	0.172
	政策的协同性	3.851	0.904	87	3.736	0.890	87	0.115
	政策的落地性	3.876	0.922	89	3.648	0.880	88	0.228
人才精准服务	政府服务效率	3.854	0.919	89	3.629	0.941	89	0.225
	人才发展平台	3.864	0.855	88	3.698	0.850	86	0.166
	社会服务体系	3.830	0.907	88	3.750	0.869	88	0.080
企业主体作用	企业创新战略	3.756	0.898	90	3.648	0.905	88	0.108
	企业用人模式	3.753	0.915	89	3.693	0.858	88	0.060
	企业分配制度	3.742	0.868	89	3.632	0.948	87	0.110
文化氛围营造	人才价值引领	3.876	0.819	89	3.739	0.911	88	0.137
	传统人文优势	3.773	0.926	88	3.750	0.869	88	0.023
	崇实社会氛围	3.798	0.889	89	3.685	0.955	89	0.113

备注：*表示此处样本数为总样本数，在实际计算各指标均值时已扣除了选取项"N"。

（三）人才资源需求

1. 影响人才选择到余姚工作的因素评价

从影响人才选择到余姚工作的因素构成看，占第一位的是产业发展环境好，有 44 位受访者选择，占 43.14%；其次是企业主体地位强，有 39 位受访者选择，占 38.24%；第三位是 37 位受访者选择的家人团聚，占 36.27%。

2. 职位空缺情况

从是否有职位空缺上看，有空缺占 54.90%，无空缺占 45.10%。从职位空缺上看，难以填补的占 71.64%，可以填补的占 28.36%。从难以填补的主要原因看，排第一的是 38 位受访者认为的本地人才供给不足，占 37.25%；其次，选

激发人才创新活力的"余姚生态"

择行业内对优秀人才的争夺激烈、工作和生活成本较高和整体薪酬待遇水平偏低的均为 17 人，均占 16.67%；排第三的是 13 位受访者认为有效的招聘渠道缺乏，占 12.75%。

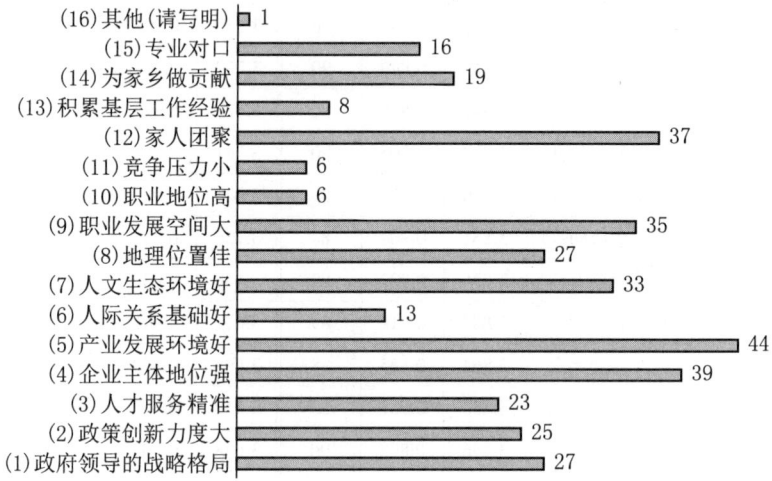

图 45　影响人才选择到余姚工作的因素分布情况（N=102）

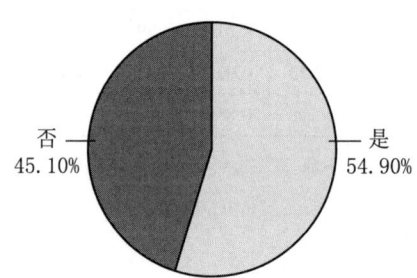

图 46　是否有职位空缺分布情况（N=102）

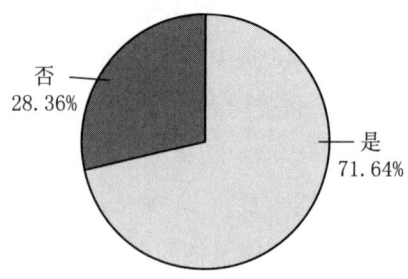

图 47　是否有难以填补的职位空缺分布情况（N=102）

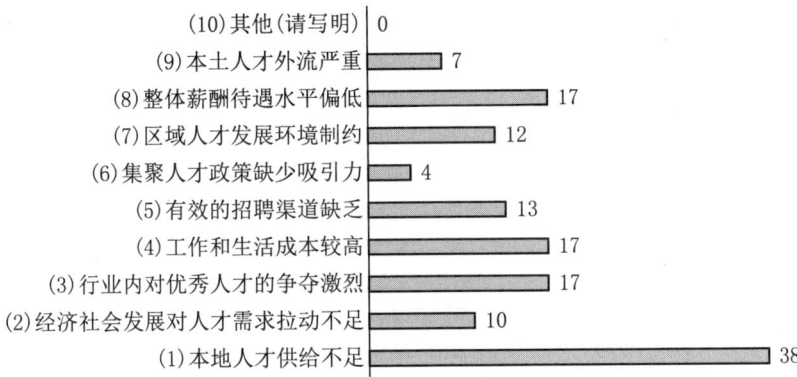

图 48　难以填补的主要原因分布情况（N=102）

3. 急需紧缺人才类型

从急需紧缺人才类型的构成看，占第一位的是高级专业技术人员，有 54 位受访者选择，占 52.94%；其次是高级经营管理人员，有 44 位受访者选择，占 43.14%；第三位是 35 位受访者选择的中级专业技术人员和中级经营管理人员，均占 34.31%。

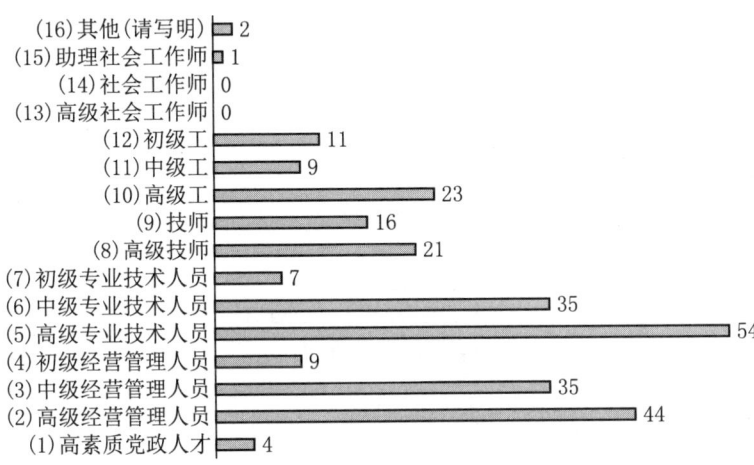

图 49　急需紧缺人才类型分布情况（N=102）

（四）需求挑战与建议

1. 制约各类人才到余姚工作的最突出问题

从制约各类人才到余姚工作的最突出问题构成看，占第一位的是工资待遇低,有46位受访者选择,占45.10%;其次是学术技术交流的机会少和激励保障政策落实不到位,有26位受访者选择,占25.49%;第三位是25位受访者选择的职业发展阶梯短,占24.51%。

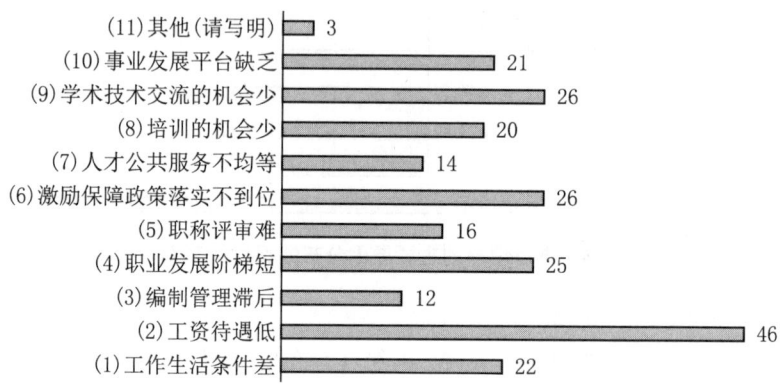

图50　余姚市人才资源短缺的主要原因分布情况（N=102）

2. 引导人才在余姚市创业中发挥作用较大的激励政策

从引导人才在余姚市创业中发挥作用较大的激励政策的构成看,占第一位的是实施税收优惠政策,有59位受访者选择,占57.84%;其次是提供创业启动资金,有55位受访者选择,占53.92%;第三位是50位受访者选择的加大科研项目资助,占49.12%。

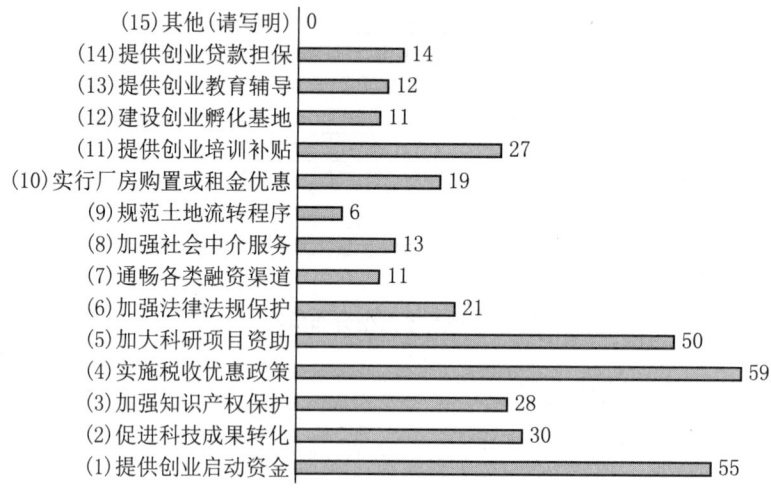

图51　引导人才在余姚市创业中发挥作用较大的激励政策分布情况（N=102）

3. 未来几年余姚市人才资源开发工作的重点

从未来几年余姚市人才资源开发工作的重点的构成看,占第一位的是完善人才激励保障机制,有 41 位受访者选择,占 40.20%;其次是引进急需紧缺人才,有 37 位受访者选择,占 36.27%;第三位是 35 位受访者选择的优化"以才引才"措施,占 34.31%。

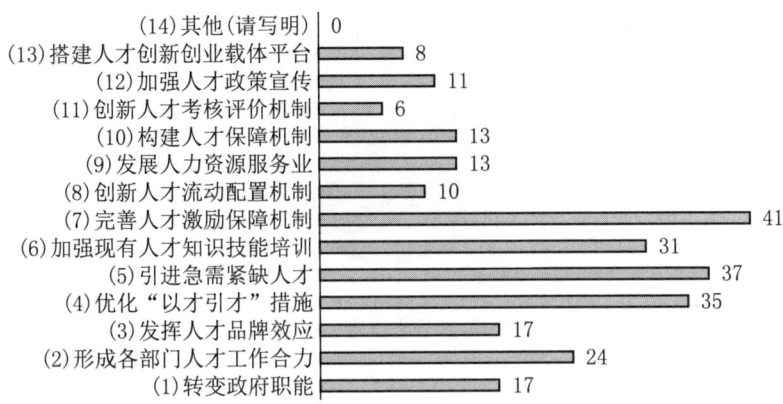

图 52　未来几年余姚市人才资源开发工作的重点分布情况(N=102)

三、党政负责人和人才工作者版问卷分析结果

(一) 基本信息

1. 性别分布

调查显示,参与调查的人才中,女性共 90 人,占比 23.32%,男性共 296 人,占比 76.68%。

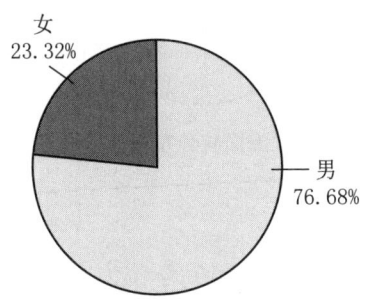

图 53　性别分布情况(N=386)

2. 年龄分布

从年龄构成看,受访者所在年龄段排在前三位的分别是46—50岁、41—45岁、51—55岁,占比分别为25.65%、22.80%、21.76%。

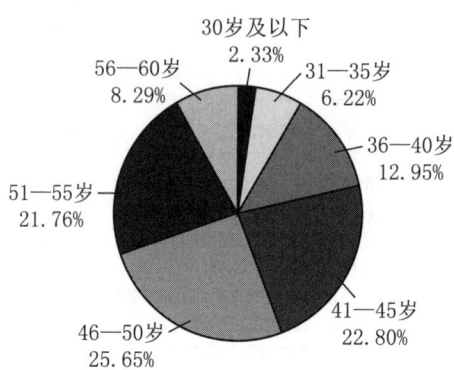

图54 年龄分布情况(N=386)

3. 政治面貌

从政治面貌构成看,受访者以中共党员人数为主,共366人,占比达到94.82%;其次是群众(2.85%),无党派人士排在第三(1.55%)。

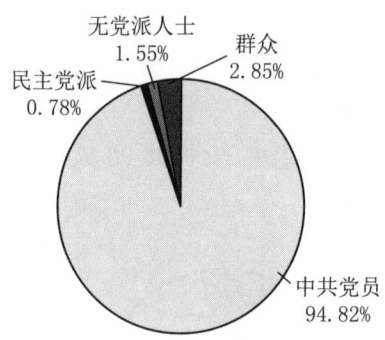

图55 政治面貌分布情况(N=386)

4. 最后学历/学位分布

从学历构成看,受访者以最后学历/学位为本科的人数为主,共293人,占比达到75.91%;其次是硕士(13.99%)、大专排在第三(9.59%)。

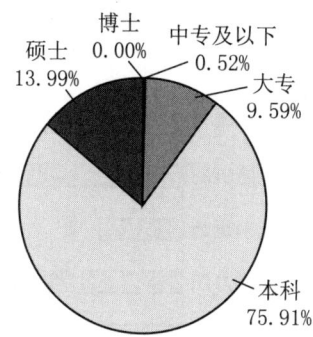

图 56　最后学历/学位分布情况（N=386）

5. 身份

从身份构成看，受访者以各街道、乡镇、园区等领导班子成员的人数为主，共 236 人，占比达到 61.14%；其次是人才工作领导小组成员单位领导班子成员（17.62%）、各部门人才工作者排在第三（13.21%）。

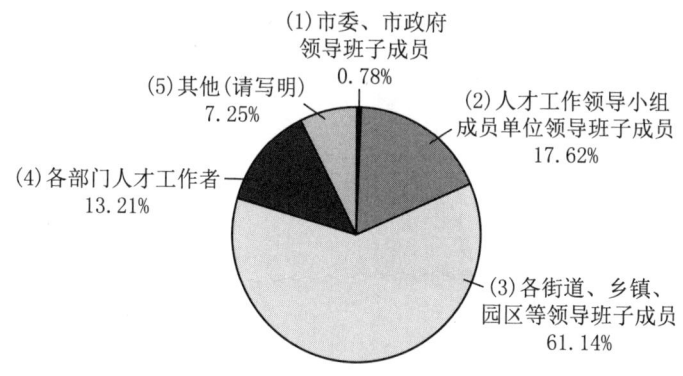

图 57　身份分布情况（N=386）

（二）人才政策宣传普及效果

1. 余姚人才政策创新的明显成效

从对余姚人才政策创新的明显成效的构成看，排在第一的是 218 位受访者选择的创新更具吸引力的人才引进机制，占比 56.48%；其次是加强党对人才工作的领导，183 位受访者选择，占比 47.41%；排在第三的是完善符合人才成长规律的培养机制,150位受访者选择,占比38.86%。

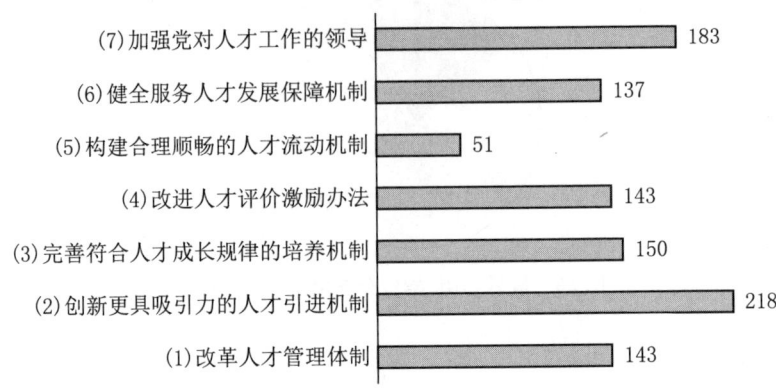

图58　对余姚人才政策的了解程度分布情况(N=386)

2. 单位人才工作专项资金是否满足实际需要

从单位人才工作专项资金是否满足实际需要的构成看,排在第一的是满足需要,占72.54%;其次是不了解,占15.03%;排第三的是不能够满足,占12.44%。

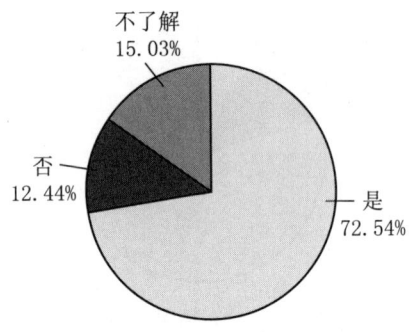

图59　单位人才工作专项资金是否满足实际需要分布情况(N=386)

3. 余姚引进人才对经济社会发展促进作用的重要性和满意度

从余姚引进人才对经济社会发展促进作用进行评价的重要性和满意度评价来看,重要性排在前三位的指标分别为人才对产业发展的带动作用(4.520)、人才贡献率(4.507)、人才对科技体制创新的推进作用(4.456);满意度排在前三位的指标分别为人才对产业发展的带动作用(4.367)、人才对科技体制创新的推进作用(4.337)、人才对产业转型升级的贡献(4.324);重要性和满意度差值排在前三位的指标分别是人才贡献率(0.198)、人才对产业发展的带动作用(0.153)、人才对科技体制创新的推进作用(0.119)。

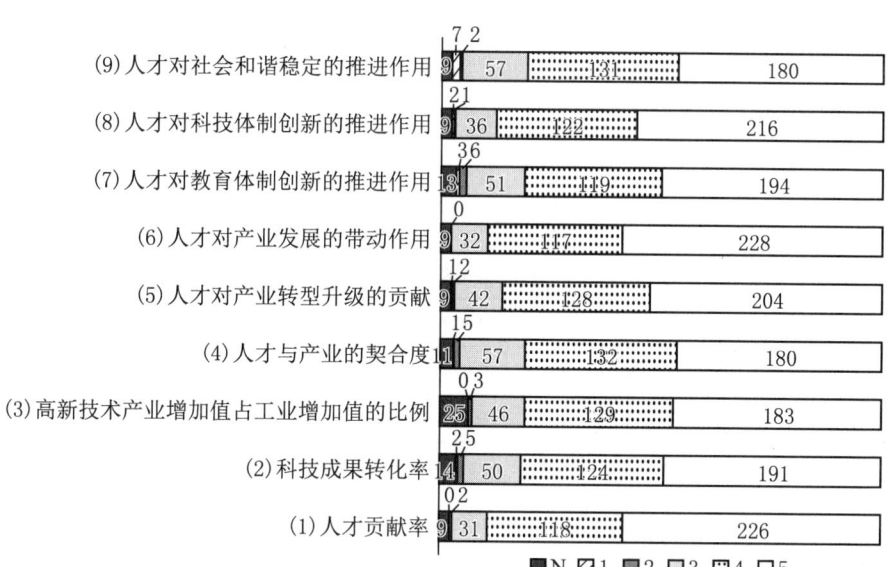

图60 余姚引进人才对经济社会发展促进作用进行评价的重要性分布情况(N=386)

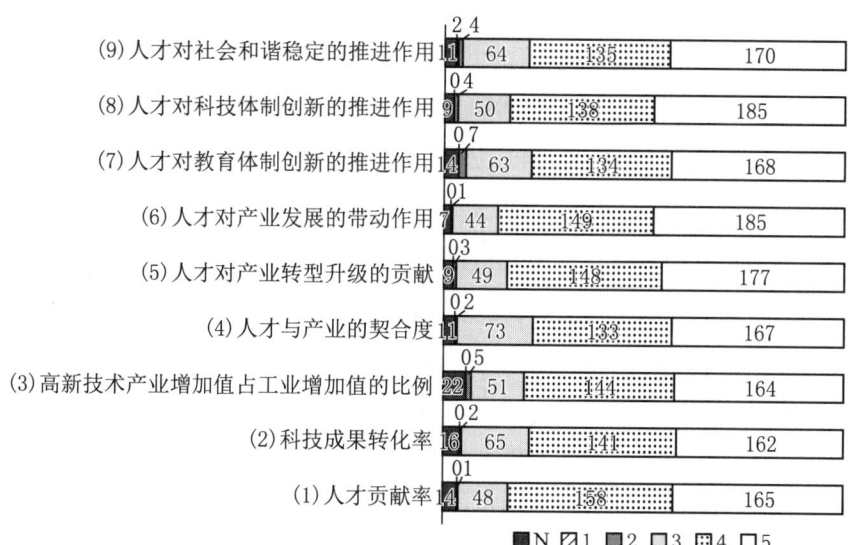

图61 余姚引进人才对经济社会发展促进作用进行评价的满意度分布情况(N=386)

激发人才创新活力的"余姚生态"

表13 对余姚市人才发展环境重要性和满意度均值

重要维度	重要性			实际效果满意度			差值
	均值	标准差	样本*	均值	标准差	样本*	
人才贡献率	4.507	0.668	377	4.309	0.809	372	0.198
科技成果转化率	4.336	0.798	372	4.251	0.809	370	0.085
高新技术产业增加值占工业增加值的比例	4.363	0.732	361	4.283	0.809	364	0.080
人才与产业的契合度	4.293	0.789	375	4.240	0.809	375	0.053
人才对产业转型升级的贡献	4.411	0.727	377	4.324	0.809	377	0.087
人才对产业发展的带动作用	4.520	0.648	377	4.367	0.809	379	0.153
人才对教育体制创新的推进作用	4.327	0.829	373	4.245	0.809	372	0.082
人才对科技体制创新的推进作用	4.456	0.720	377	4.337	0.809	377	0.119
人才对社会和谐稳定的推进作用	4.260	0.866	377	4.245	0.809	375	0.015

备注：*表示此处的样本数为总样本数，在实际计算各指标的均值时已扣除了选取题项"N"的样本数。

（三）人才发展环境评价

1. 影响选择到余姚工作的因素

从影响人才选择到余姚工作的因素构成看，占第一位的是产业发展环境好，有270位受访者选择，占69.95%；其次是人才服务精准，有260位受访者选择，占67.36%；第三位是243位受访者选择的政府领导的战略格局，占62.95%。

2. 余姚市人才发展环境的重要程度及满意程度

从人才发展环境总体上看，党政负责人和人才工作者认为重要性排在前三位的分别为文化环境（4.400）、法制政策环境（4.394）、生活环境（4.374）；满意度排在前三位的分别为文化环境（4.367）、生活环境（4.356）、法制政策环境（4.345）；重要性和满意度差值排在前三位的分别是经济发展环境（0.056）、法制政策环境（0.048）、人力资源市场环境（0.034）。

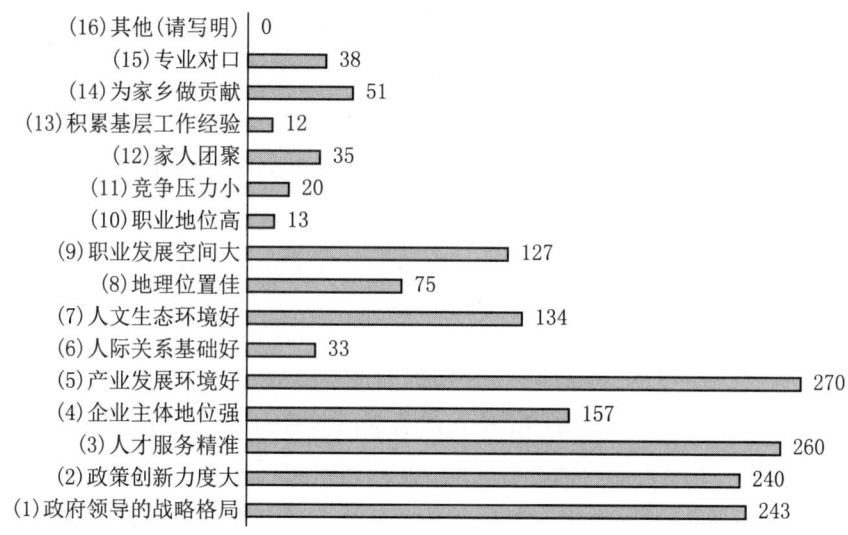

图62 影响选择到余姚工作的因素分布情况(N=386)

表14 对余姚市人才发展环境重要性和满意度均值

重要维度	重要性			实际效果满意度			差值
	均值	标准差	样本*	均值	标准差	样本*	
经济发展环境	4.346	0.880	386	4.291	0.869	386	0.056
人力资源市场环境	4.272	0.900	386	4.238	0.893	386	0.034
政务环境	4.284	0.935	386	4.294	0.916	386	−0.009
生活环境	4.374	0.945	386	4.356	0.918	386	0.018
文化环境	4.400	0.924	386	4.367	0.899	386	0.033
法制政策环境	4.394	0.944	386	4.345	0.909	386	0.048
海外引才环境	4.235	0.918	386	4.225	0.888	386	0.010

备注：*表示此处的样本数为总样本数，在实际计算各指标的均值时已扣除了选取题项"N"的样本数。

从经济发展环境构成看，重要性排在前三位的分别为产业结构与经济发展的适应性(4.394)、经济发展水平(4.386)、主导产业的发展前景(4.363)；满意度排在前三位的分别为主导产业的发展前景(4.329)、经济发展水平(4.326)、主导产业的影响力(4.288)；重要性和满意度差值排在前三位的分别是产业结构与经济发展的适应性(0.115)、产业结构转型效果(0.066)、经济发展水平(0.060)。

从人力资源市场环境构成看,重要性排在前三位的分别为工资收入水平(4.321)、人力资源服务机构的服务水平(4.274)、高层次人才引进的难易程度(4.271);满意度排在前三位的分别为人力资源市场监督与保护水平(4.270)、普通劳动力的受教育程度(4.260)、人力资源服务机构的服务水平(4.257);重要性和满意度差值排在前三位的分别是工资收入水平(0.123)、企业经营管理人才的供给水平(0.047)、技能类人才招聘的难易程度(0.038)。

从政务环境构成看,重要性排在前三位的分别为政府部门监管效率(4.322)、政府部门监管能力(4.318)、政府部门监管力度(4.311);满意度排在前三位的分别为政府部门监管力度(4.329)、政府部门监管效率(4.318)、政府部门监管能力(4.313);重要性和满意度差值排在前三位的分别是政府部门监管能力(0.005)、政府部门监管效率(0.004)、政府部门监管力度(-0.018)。

从生活环境构成看,重要性排在前三位的分别为社会安全状况(4.512)、住房保障水平(4.393)、基础教育质量(4.366);满意度排在前三位的分别为社会安全状况(4.497)、基础教育质量(4.352)、公共交通状况(4.349);重要性和满意度差值排在前三位的分别是住房保障水平(0.047)、环境保护状况(0.032)、医疗服务水平(0.031)。

从文化环境构成看,重要性排在前三位的分别为居民对教育的重视程度(4.518)、社会诚信体系建设(4.446)、社会人才观念(4.403);满意度排在前三位的分别为居民对教育的重视程度(4.461)、倡导创业的社会氛围(4.369)、社会价值取向(4.353);重要性和满意度差值排在前三位的分别是居民对教育的重视程度(0.057)、社会诚信体系建设(0.051)、社会价值取向(0.047)。

从法制政策环境构成看,重要性排在前三位的分别为相关政策的可操作性(4.415)、相关政策的透明度(4.413)、法律法规执行力度(4.388);满意度排在前三位的分别为相关政策的有效性(4.365)、法律法规执行力度(4.362)、相关政策的完备性(4.347);重要性和满意度差值排在前三位的分别是相关政策的透明度(0.086)、相关政策的可操作性(0.077)、相关政策的稳定性(0.053)。

从海外引才环境构成看,重要性排在前三位的分别为居民对外国人及文化的包容性(4.307)、海外人才引进的效果(4.249)、海外资金与项目引进的效果(4.244);满意度排在前三位的分别为居民对外国人及文化的包容性(4.309)、海外资金与项目引进的效果(4.237)、海外人才引进的效果(4.214);重要性和满意度差值排在前三位的分别是海外人才引进的效果(0.035)、海外资金与项目引进的效果(0.007)、国际化社区的建设力度(0.001)。

表15 对余姚市人才发展环境重要性和满意度均值

重要维度	重要性			实际效果满意度			差值
	均值	标准差	样本*	均值	标准差	样本*	
产业结构与经济发展的适应性	4.394	0.908	373	4.279	0.949	377	0.115
产业结构转型效果	4.327	0.921	373	4.261	0.963	375	0.066
主导产业成熟度	4.311	0.919	373	4.272	0.945	375	0.039
主导产业的集聚度	4.320	0.94	375	4.279	0.936	376	0.041
主导产业的影响力	4.322	0.939	376	4.288	0.941	378	0.034
主导产业的发展前景	4.363	0.919	375	4.329	0.938	377	0.034
经济发展水平	4.386	0.902	376	4.326	0.925	380	0.060
普通劳动力的受教育程度	4.253	0.95	375	4.260	0.959	381	-0.007
高层次人才引进的难易程度	4.271	0.944	377	4.243	0.959	378	0.028
技能类人才招聘的难易程度	4.269	0.929	376	4.231	0.993	376	0.038
企业经营管理人才的供给水平	4.254	0.961	374	4.207	0.802	376	0.047
人力资源服务机构的服务水平	4.274	0.968	379	4.257	0.808	377	0.017
人力资源市场监督与保护水平	4.262	0.961	378	4.270	0.96	378	-0.008
工资收入水平	4.321	0.904	374	4.198	0.816	379	0.123
政府部门监管力度	4.311	0.918	379	4.329	0.699	380	-0.018
政府部门监管能力	4.318	0.923	380	4.313	0.932	380	0.005
政府部门监管效率	4.322	0.949	379	4.318	0.908	380	0.004
政府部门的官僚作风	4.186	0.989	365	4.215	0.926	372	-0.029
环境保护状况	4.364	0.928	376	4.332	0.940	380	0.032
公共交通状况	4.324	0.990	380	4.349	0.933	381	-0.025

激发人才创新活力的"余姚生态"

续表

重要维度	重要性			实际效果满意度			差值
	均值	标准差	样本*	均值	标准差	样本*	
医疗服务水平	4.305	0.962	380	4.274	0.964	380	0.031
基础教育质量	4.366	0.940	380	4.352	0.926	381	0.014
地区公路/铁路密度	4.357	0.922	378	4.345	0.929	380	0.012
社会安全状况	4.512	0.630	381	4.497	0.638	382	0.015
住房保障水平	4.393	0.942	379	4.346	0.919	379	0.047
社会诚信体系建设	4.446	0.900	379	4.395	0.655	380	0.051
文化设施状况	4.326	0.935	380	4.307	0.923	381	0.019
社会人才观念	4.403	0.695	380	4.37	0.696	381	0.033
社会价值取向	4.400	0.924	380	4.353	0.699	380	0.047
城市交往信任程度	4.343	0.981	379	4.347	0.696	380	−0.004
居民对外地人的包容性	4.387	0.95	382	4.349	0.926	381	0.038
居民对教育的重视程度	4.518	0.662	382	4.461	0.659	382	0.057
居民对创新的认识程度	4.394	0.699	381	4.349	0.909	381	0.045
倡导创业的社会氛围	4.382	0.929	380	4.369	0.925	382	0.013
法律法规执行力度	4.388	0.934	379	4.362	0.902	381	0.026
相关政策的完备性	4.385	0.9	379	4.347	0.922	380	0.038
相关政策的稳定性	4.385	0.908	379	4.332	0.955	379	0.053
相关政策的可操作性	4.415	0.699	378	4.338	0.949	379	0.077
相关政策的透明度	4.413	0.923	378	4.327	0.964	379	0.086
相关政策的有效性	4.376	0.943	378	4.365	0.929	378	0.011
海外人才引进的效果	4.249	0.841	373	4.214	0.819	370	0.035
海外资金与项目引进的效果	4.244	0.839	369	4.237	0.992	367	0.007
国际化社区的建设力度	4.140	0.926	372	4.139	0.898	368	0.001
居民对外国人及文化的包容性	4.307	0.994	378	4.309	0.956	375	−0.002

备注：*表示此处的样本数为总样本数，在实际计算各指标的均值时已扣除了选取题项"N"的样本数。

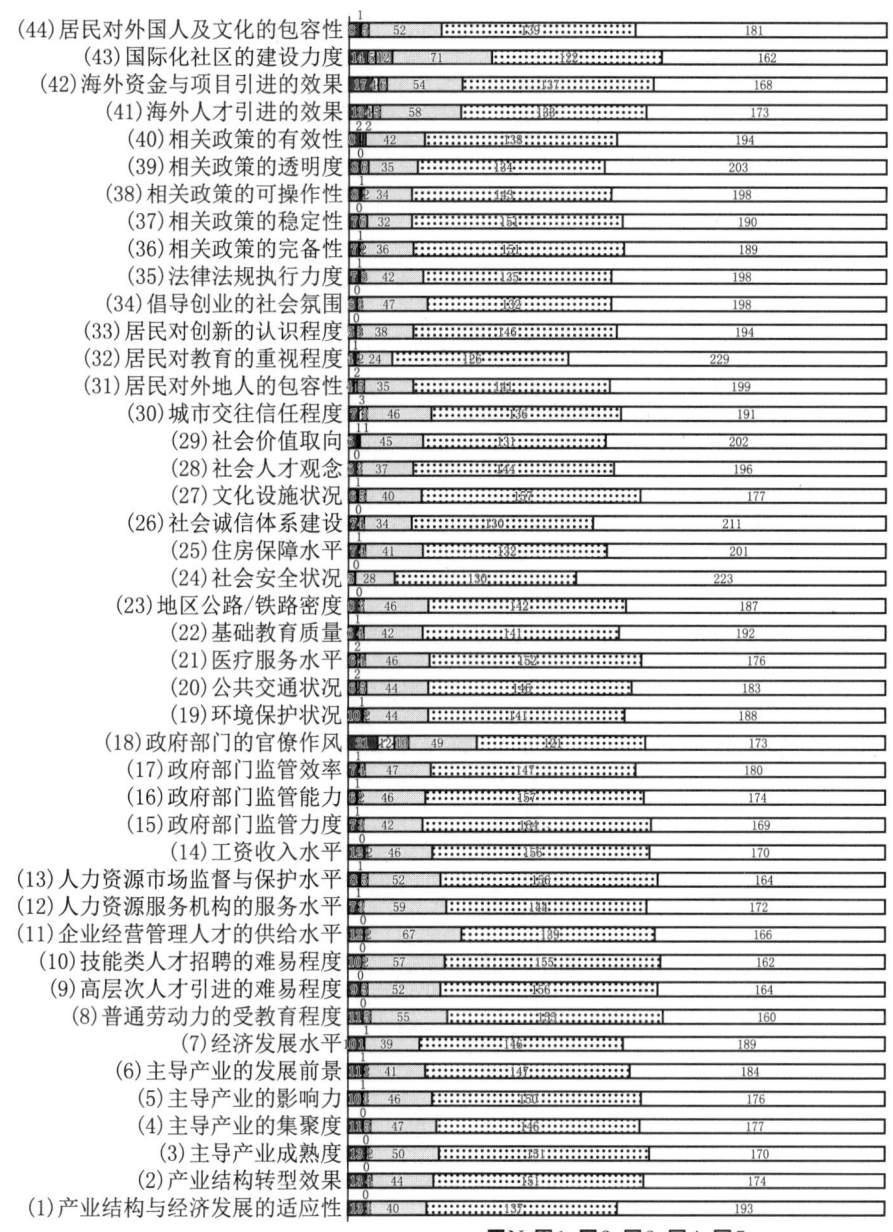

图63 余姚市人才发展环境重要性分布情况(N=386)

激发人才创新活力的"余姚生态"

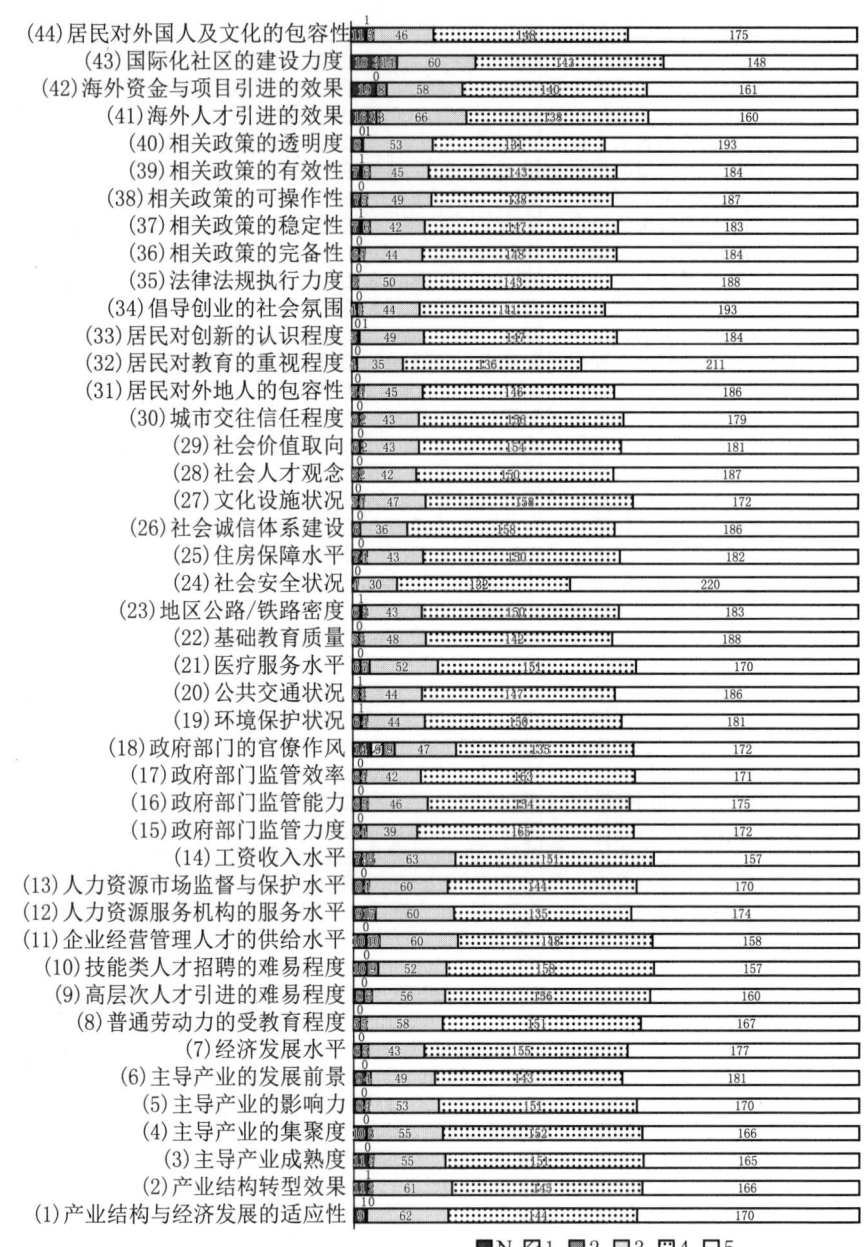

图64 人才对余姚市人才发展环境满意度分布情况(N=386)

（四）需求挑战与建议

1. 余姚市人才资源短缺的主要原因

从余姚市人才资源短缺的原因构成看，占第一位的是本地人才供给不足，有220位受访者选择，占56.99%；其次是行业内对优秀人才的争夺激烈，有158位受访者选择，占40.93%；第三位是区域人才发展环境制约，有135位受访者选择，占34.97%。

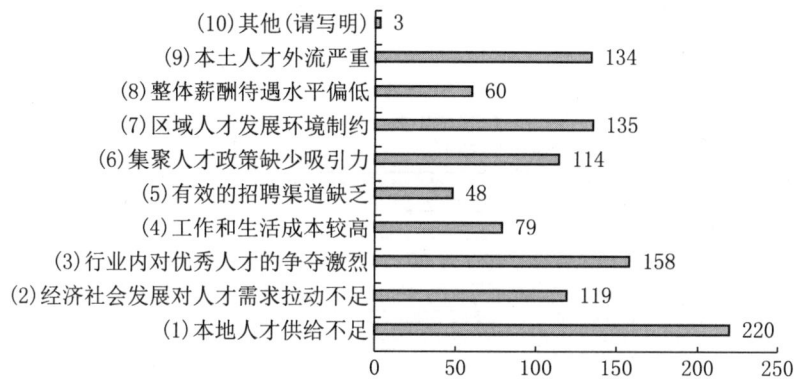

图65 余姚市人才资源短缺的主要原因分布情况（N=386）

2. 制约各类人才到余姚市工作的最突出问题

从制约各类人才到余姚市工作的最突出问题的构成看，排第一位的是事业发展平台缺乏，有187位受访者选择，占48.45%；其次是职业发展阶梯短，有186位受访者选择，占48.19%；第三位是学术技术交流的机会少，有144位受访者选择，占37.71%。

3. 引导人才在余姚市创业中发挥作用较大的激励政策

从引导人才在余姚市创业中发挥作用较大的激励政策的构成看，占第一位的是提供创业启动基金，有232位受访者选择，占60.10%；其次是促进科技成果转化，有216位受访者选择，占55.96%；第三位是212位受访者选择的加大科研项目资助，占54.92%。

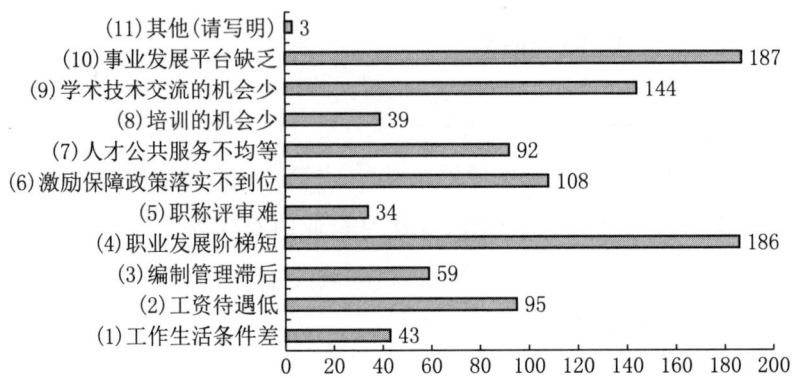

图66 制约各类人才到余姚市工作的最突出问题分布情况（N=386）

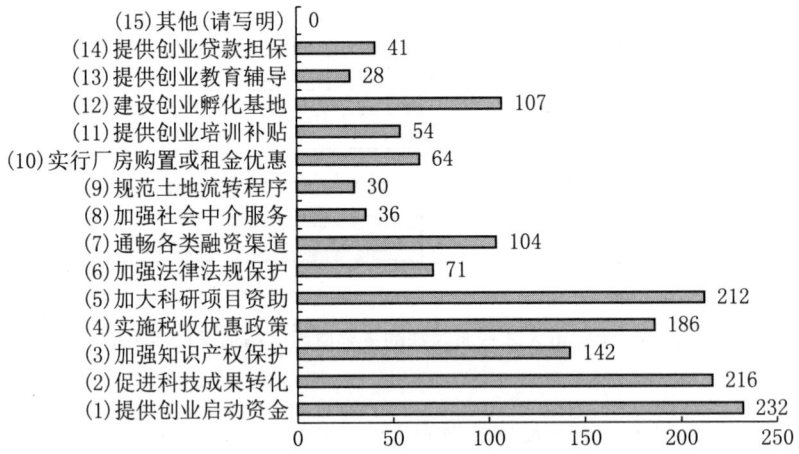

图67 引导人才在余姚市创业中发挥作用较大的激励政策分布情况（N=386）

4. 未来几年余姚市人才资源开发工作的重点

从未来几年余姚市人才资源开发工作的重点的构成看，占第一位的是优化"以才引才"措施，有167位受访者选择，占43.26%；其次是形成各部门人才工作合力，有158位受访者选择，占40.93%；第三位是128位受访者选择的完善人才激励保障机制，占33.16%。

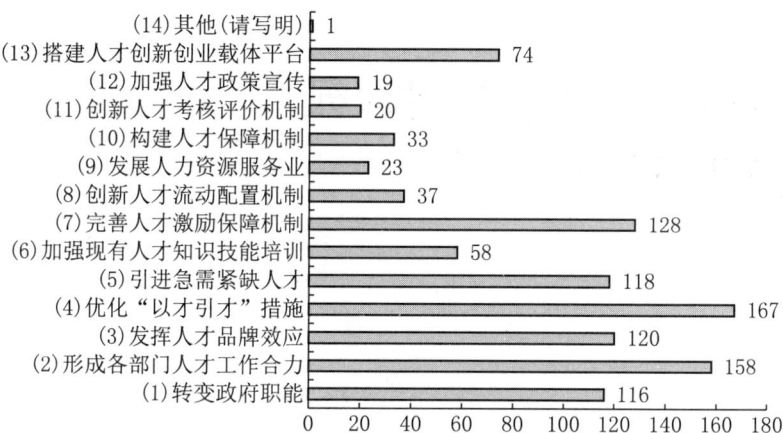

图 68　未来几年余姚市人才资源开发工作的重点分布情况(N=386)

余姚市人才资源发展状况评估调查问卷样例

一、人才版

尊敬的女士/先生：

您好！感谢您支持我们的工作。您现在参加的是余姚市委组织部委托上海社会科学院开展的余姚市人才发展状况评估工作问卷调查。调查所获信息仅供研究使用，并予以严格保密。感谢您的支持！

请根据您实际情况，在对应的选项上填写或画"√"。没有特殊说明的都为单项选择题。

上海社会科学院

2019 年 6 月

（一）基本信息

1. 您的性别：

　　（1）男　（2）女

2. 您的年龄：

　　（1）25 岁及以下　（2）26—30 岁　（3）31—35 岁　（4）36—40 岁

　　（5）41—45 岁　（6）46—50 岁　（7）51—55 岁　（8）56—60 岁

　　（9）61 岁及以上

3. 您的最高学历/学位：

　　（1）中专及以下　（2）大专　（3）本科　（4）硕士　（5）博士

4. 您的专业背景：

　　（1）理学　（2）工学　（3）教育学　（4）医学　（5）历史类　（6）经

济学 （7）法学 （8）管理学 （9）文学 （10）哲学 （11）农学 （12）其他(请写明)：_____

5. 您是否有留学或海外工作的经历：
（1）是 （2）否

6. 您是通过何种方式到余姚工作：
（1）事业单位公开招录 （2）挂职锻炼 （3）企业招聘 （4）余姚人才引进 （5）兼职兼薪等柔性流动 （6）一线创业 （7）其他(请写明)：_____

7. 您属于的人才类型：
（1）企业经营管理人才 （2）专业技术人才 （3）技能人才 （4）社会工作人才 （5）农村实用人才 （6）其他(请写明)：_____

8. 您在余姚工作年限：
（1）1年及以下 （2）1至3年(含3年) （3）4至5年(含5年)
（4）6至10年(含10年) （5）11年及以上

9. 您是否为国家重点人才计划专家：
（1）是 （2）否

10. 您是否为浙江省重点人才计划专家：
（1）是 （2）否

11. 您是否入选宁波"3315计划"：
（1）是 （2）否

12. 您目前的婚姻状况：
（1）已婚且配偶在余姚 （2）已婚但配偶不在余姚 （3）未婚
（4）其他

13. 您是否有离开余姚的打算：
（1）正在考虑 （2）一直没有 （3）原来想过,但现在不打算离开
（4）将来会离开

14. 您所在单位所属的组织类型：
（1）政府机关 （2）科研院所 （3）中小学 （4）职业院校 （5）其

他事业单位 （6）国有企业 （7）集体企业 （8）私营/民营企业 （9）股份制企业 （10）三资企业（含港澳台企业） （11）其他（请写明）：_____

15. 您所在单位所属的产业类型：

（1）农、林、牧、渔业 （2）采矿业 （3）制造业 （4）建筑业 （5）电力、热力、燃气及水生产和供应业 （6）批发和零售业 （7）金融业 （8）交通运输、仓储和邮政业 （9）住宿和餐饮业 （10）房地产业 （11）信息传输、软件和信息技术服务业 （12）租赁和商务服务业 （13）科学研究和技术服务业 （14）水利、环境和公共设施管理业 （15）居民服务、修理和其他服务业 （16）教育 （17）文化、体育和娱乐业 （18）卫生和社会工作 （19）公共管理、社会保障和社会组织 （20）国际组织

（二）政府服务和人才政策评价

16. 您对余姚人才政策的了解程度：

（1）非常了解 （2）比较了解 （3）一般 （4）不太了解 （5）一点都不了解

17. 您获知人才政策的及时性：

（1）很不及时 （2）不太及时 （3）一般 （4）比较及时 （5）非常及时

18. 您认为目前余姚人才政策存在的主要问题有（可多选，限五项）：

（1）与外地比无优势 （2）政策落实不到位 （3）过度重视高端人才 （4）政策配套不完善 （5）政策创新不足 （6）政策缺乏稳定性 （7）政策资助等含金量不高 （8）过度重视技术人才 （9）政策更新速度与社会发展需要有差距 （10）政策数量偏少且层次偏低 （11）政策透明度和普及率不高 （12）其他（请写明）：_____

19. 请您对在余姚参加工作后，实际工作感受与心理预期的匹配情况进行评价。

其中:N 表示不了解,1 表示不匹配,2 表示不太匹配,3 表示一般,4 表示比较匹配,5 表示非常匹配。

题　项	与预期是否匹配
1）政策实施效果	N　1　2　3　4　5
2）项目进展预期	N　1　2　3　4　5
3）工作业绩预期	N　1　2　3　4　5
4）发展环境预期	N　1　2　3　4　5
5）工资待遇预期	N　1　2　3　4　5
6）组织保障预期	N　1　2　3　4　5

20. 您认为余姚现有人才政策能否满足您和您所在组织需求？

（1）完全不能　（2）基本不能　（3）一般　（4）基本能　（5）完全能

21. 请您对余姚高层次人才引进相关政策的实施效果进行评价。

其中:N 表示不了解,1 表示完全不重要/很不满意,2 表示不太重要/不太满意,3 表示一般,4 表示比较重要/比较满意,5 表示非常重要/非常满意。

政策类型	重要程度	满意程度
1）资金支持	N　1　2　3　4　5	N　1　2　3　4　5
2）生活补贴	N　1　2　3　4　5	N　1　2　3　4　5
3）创业资助	N　1　2　3　4　5	N　1　2　3　4　5
4）医疗保障	N　1　2　3　4　5	N　1　2　3　4　5
5）人才公寓	N　1　2　3　4　5	N　1　2　3　4　5
6）落户居住	N　1　2　3　4　5	N　1　2　3　4　5
7）知识产权保护政策	N　1　2　3　4　5	N　1　2　3　4　5
8）子女入学	N　1　2　3　4　5	N　1　2　3　4　5
9）办公场所	N　1　2　3　4　5	N　1　2　3　4　5
10）金融扶持	N　1　2　3　4　5	N　1　2　3　4　5

22. 请您结合自身实际,就余姚政府管理服务和各项政策进行评价。

其中:N 表示不了解,1 表示很不重要/很不满意,2 表示不太重要/不太满意,3 表示一般,4 表示比较重要/比较满意,5 表示非常重要/非常满意。

题项	重要程度	满意程度
1) 政府人才战略		
a) 战略意识	N 1 2 3 4 5	N 1 2 3 4 5
b) 战略思维	N 1 2 3 4 5	N 1 2 3 4 5
c) 战略能力	N 1 2 3 4 5	N 1 2 3 4 5
d) 战略定力	N 1 2 3 4 5	N 1 2 3 4 5
2) 人才政策创新		
a) 政策的开放性	N 1 2 3 4 5	N 1 2 3 4 5
b) 政策的灵活性	N 1 2 3 4 5	N 1 2 3 4 5
c) 政策的协同性	N 1 2 3 4 5	N 1 2 3 4 5
d) 政策的落地性	N 1 2 3 4 5	N 1 2 3 4 5
3) 人才精准服务		
a) 政府服务效率	N 1 2 3 4 5	N 1 2 3 4 5
b) 人才发展平台	N 1 2 3 4 5	N 1 2 3 4 5
c) 社会服务体系	N 1 2 3 4 5	N 1 2 3 4 5
4) 企业主体作用		
a) 企业创新战略	N 1 2 3 4 5	N 1 2 3 4 5
b) 企业用人模式	N 1 2 3 4 5	N 1 2 3 4 5
c) 企业分配制度	N 1 2 3 4 5	N 1 2 3 4 5
5) 文化氛围营造		
a) 人才价值引领	N 1 2 3 4 5	N 1 2 3 4 5
b) 传统人文优势	N 1 2 3 4 5	N 1 2 3 4 5
c) 崇实社会氛围	N 1 2 3 4 5	N 1 2 3 4 5

（三）人才发展环境评价

23. 您认为在影响您选择到余姚工作的诸多因素中,影响较大的因素(可多选,限五项)：

（1）政府领导的战略格局　（2）政策创新力度大　（3）人才服务精准　（4）企业主体地位强　（5）产业发展环境好　（6）人际关系基础好　（7）人文生态环境好　（8）地理位置佳　（9）职业发展空间

大 (10) 职业地位高 (11) 竞争压力小 (12) 家人团聚 (13) 积累基层工作经验 (14) 为家乡作贡献 (15) 专业对口 (16) 其他 (请写明):_____

24. 请您结合自身实际,就余姚人才发展环境进行评价。

其中:N 表示不了解,1 表示很不重要/很不满意,2 表示不太重要/不太满意,3 表示一般,4 表示比较重要/比较满意,5 表示非常重要/非常满意。

关注指标	重要程度	满意程度
1) 产业结构与经济发展的适应性	N 1 2 3 4 5	N 1 2 3 4 5
2) 产业结构转型效果	N 1 2 3 4 5	N 1 2 3 4 5
3) 主导产业成熟度	N 1 2 3 4 5	N 1 2 3 4 5
4) 主导产业的集聚度	N 1 2 3 4 5	N 1 2 3 4 5
5) 主导产业的影响力	N 1 2 3 4 5	N 1 2 3 4 5
6) 主导产业的发展前景	N 1 2 3 4 5	N 1 2 3 4 5
7) 经济发展水平	N 1 2 3 4 5	N 1 2 3 4 5
8) 普通劳动力的受教育程度	N 1 2 3 4 5	N 1 2 3 4 5
9) 高层次人才引进的难易程度	N 1 2 3 4 5	N 1 2 3 4 5
10) 技能类人才招聘的难易程度	N 1 2 3 4 5	N 1 2 3 4 5
11) 企业经营管理人才的供给水平	N 1 2 3 4 5	N 1 2 3 4 5
12) 人力资源服务机构的服务水平	N 1 2 3 4 5	N 1 2 3 4 5
13) 人力资源市场监督与保护水平	N 1 2 3 4 5	N 1 2 3 4 5
14) 工资收入水平	N 1 2 3 4 5	N 1 2 3 4 5
15) 政府部门监管力度	N 1 2 3 4 5	N 1 2 3 4 5
16) 政府部门监管能力	N 1 2 3 4 5	N 1 2 3 4 5
17) 政府部门监管效率	N 1 2 3 4 5	N 1 2 3 4 5
18) 政府部门的官僚作风	N 1 2 3 4 5	N 1 2 3 4 5
19) 环境保护状况	N 1 2 3 4 5	N 1 2 3 4 5
20) 公共交通状况	N 1 2 3 4 5	N 1 2 3 4 5
21) 医疗服务水平	N 1 2 3 4 5	N 1 2 3 4 5
22) 基础教育质量	N 1 2 3 4 5	N 1 2 3 4 5
23) 地区公路/铁路密度	N 1 2 3 4 5	N 1 2 3 4 5

续表

关注指标	重要程度	满意程度
24）社会安全状况	N 1 2 3 4 5	N 1 2 3 4 5
25）住房保障水平	N 1 2 3 4 5	N 1 2 3 4 5
26）社会诚信体系建设	N 1 2 3 4 5	N 1 2 3 4 5
27）文化设施状况	N 1 2 3 4 5	N 1 2 3 4 5
28）社会人才观念	N 1 2 3 4 5	N 1 2 3 4 5
29）社会价值取向	N 1 2 3 4 5	N 1 2 3 4 5
30）城市交往信任程度	N 1 2 3 4 5	N 1 2 3 4 5
31）居民对外地人的包容性	N 1 2 3 4 5	N 1 2 3 4 5
32）居民对教育的重视程度	N 1 2 3 4 5	N 1 2 3 4 5
33）居民对创新的认识程度	N 1 2 3 4 5	N 1 2 3 4 5
34）倡导创业的社会氛围	N 1 2 3 4 5	N 1 2 3 4 5
35）法律法规执行力度	N 1 2 3 4 5	N 1 2 3 4 5
36）相关政策的完备性	N 1 2 3 4 5	N 1 2 3 4 5
37）相关政策的稳定性	N 1 2 3 4 5	N 1 2 3 4 5
38）相关政策的可操作性	N 1 2 3 4 5	N 1 2 3 4 5
39）相关政策的透明度	N 1 2 3 4 5	N 1 2 3 4 5
40）相关政策的有效性	N 1 2 3 4 5	N 1 2 3 4 5
41）海外人才引进的效果	N 1 2 3 4 5	N 1 2 3 4 5
42）海外资金与项目引进的效果	N 1 2 3 4 5	N 1 2 3 4 5
43）国际化社区的建设力度	N 1 2 3 4 5	N 1 2 3 4 5
44）居民对外国人及文化的包容性	N 1 2 3 4 5	N 1 2 3 4 5

（四）需求挑战与建议

25. 您认为目前余姚人才资源短缺的主要原因(可多选,限三项)：

（1）本地人才供给不足　（2）经济社会发展对人才需求拉动不足　（3）行业内对优秀人才的争夺激烈　（4）工作和生活成本较高　（5）有效的招聘渠道缺乏　（6）集聚人才政策缺少吸引力　（7）区域人才发展环境制约　（8）整体薪酬待遇水平偏低　（9）本土人才外流严重　（10）其他(请写明)：_____

26. 您认为目前制约各类人才到余姚工作的最突出问题(可多选,限三项):

(1)工作生活条件差 (2)工资待遇低 (3)编制管理滞后 (4)职业发展阶梯短 (5)职称评审难 (6)激励保障政策落实不到位 (7)人才公共服务不均等 (8)培训的机会少 (9)学术技术交流的机会少 (10)事业发展平台缺乏 (11)其他(请写明):_____

27. 您认为在目前余姚急需紧缺的人才类型中,比较急需紧缺类型(可多选,限五项):

(1)高素质党政人才 (2)高级经营管理人员 (3)中级经营管理人员 (4)初级经营管理人员 (5)高级专业技术人员 (6)中级专业技术人员 (7)初级专业技术人员 (8)高级技师 (9)技师 (10)高级工 (11)中级工 (12)初级工 (13)高级社会工作师 (14)社会工作师 (15)助理社会工作师 (16)生产型农村实用人才 (17)经营型农村实用人才 (18)技能带动型农村实用人才 (19)技能服务型农村实用人才 (20)社会服务型农村实用人才 (21)基层社会治理人才 (22)其他(请写明):_____

28. 您认为下列哪些激励政策在引导人才在余姚创业中发挥的作用较大(可多选,限五项):

(1)提供创业启动资金 (2)促进科技成果转化 (3)加强知识产权保护 (4)实施税收优惠政策 (5)加大科研项目资助 (6)加强法律法规保护 (7)通畅各类融资渠道 (8)加强社会中介服务 (9)规范土地流转程序 (10)实行厂房购置或租金优惠 (11)提供创业培训补贴 (12)建设创业孵化基地 (13)提供创业教育辅导 (14)提供创业贷款担保 (15)其他(请写明):_____

29. 您认为未来几年余姚人才资源引进开发工作的重点应放在(可多选,限三项):

(1)转变政府职能 (2)形成各部门人才工作合力 (3)发挥人才品牌效应 (4)优化"以才引才"措施 (5)引进急需紧缺人才 (6)加强现有人才知识技能培训 (7)完善人才激励保障机制

(8) 创新人才流动配置机制 (9) 发展人力资源服务业 (10) 构建人才保障机制 (11) 创新人才考核评价机制 (12) 加强人才政策宣传 (13) 搭建人才创新创业载体平台 (14) 其他(请写明)：_____

二、用人单位负责人版

尊敬的女士/先生：

您好！感谢您支持我们的工作。您现在参加的是余姚市委组织部委托上海社会科学院开展的余姚市人才发展状况评估工作问卷调查。调查所获信息仅供研究使用，并予以严格保密。感谢您的支持！

请根据您实际情况，在对应的选项上填写或画"√"。没有特殊说明的都为单项选择题。

上海社会科学院
2019 年 6 月

（一）基本信息

1. 您所在单位所属的组织类型：
(1) 政府机关 (2) 科研院所 (3) 中小学 (4) 职业院校 (5) 其他事业单位 (6) 国有企业 (7) 集体企业 (8) 私营/民营企业 (9) 股份制企业 (10) 三资企业(含港澳台企业) (11) 其他(请写明)：_____

2. 您所在单位所属的产业类型：
(1) 农、林、牧、渔业 (2) 采矿业 (3) 制造业 (4) 建筑业 (5) 电力、热力、燃气及水生产和供应业 (6) 批发和零售业 (7) 金融业 (8) 交通运输、仓储和邮政业 (9) 住宿和餐饮业 (10) 房地产业 (11) 信息传输、软件和信息技术服务业 (12) 租赁和商务服务业 (13) 科学研究和技术服务业 (14) 水利、环境和公共设施管理业 (15) 居民服务、修理和其他服务业 (16) 教育 (17) 文化、体育和

娱乐业 （18）卫生和社会工作 （19）公共管理、社会保障和社会组织 （20）国际组织

3. 贵单位人员规模：

（1）100人以下 （2）100—499人 （3）500—999人 （4）1 000—1 999人 （5）2 000—4 999人 （6）5 000人以上

（二）政府服务和人才政策评价

4. 您认为余姚现有人才政策能否满足您和您所在组织需求？

（1）完全不能 （2）基本不能 （3）一般 （4）基本能 （5）完全能

5. 您认为目前余姚人才政策存在的主要问题有（可多选，限五项）：

（1）与外地比无优势 （2）政策落实不到位 （3）过度重视高端人才 （4）政策配套不完善 （5）政策创新不足 （6）政策缺乏稳定性 （7）政策资助等含金量不高 （8）过度重视技术人才 （9）政策更新速度与社会发展需要有差距 （10）政策数量偏少且层次偏低 （11）政策透明度和普及率不高 （12）其他(请写明)：_____

6. 请您对余姚高层次人才引进相关政策的实施效果进行评价。

其中：N表示不了解，1表示完全不重要/很不满意，2表示不太重要/不太满意，3表示一般，4表示比较重要/比较满意，5表示非常重要/非常满意。

政策类型	重要程度	满意程度
1）资金支持	N 1 2 3 4 5	N 1 2 3 4 5
2）生活补贴	N 1 2 3 4 5	N 1 2 3 4 5
3）创业资助	N 1 2 3 4 5	N 1 2 3 4 5
4）医疗保障	N 1 2 3 4 5	N 1 2 3 4 5
5）人才公寓	N 1 2 3 4 5	N 1 2 3 4 5
6）落户居住	N 1 2 3 4 5	N 1 2 3 4 5
7）知识产权保护政策	N 1 2 3 4 5	N 1 2 3 4 5
8）子女入学	N 1 2 3 4 5	N 1 2 3 4 5
9）办公场所	N 1 2 3 4 5	N 1 2 3 4 5
10）金融扶持	N 1 2 3 4 5	N 1 2 3 4 5

7. 请您结合自身实际,就余姚政府管理服务和各项政策进行评价。

其中:N 表示不了解,1 表示很不重要/很不满意,2 表示不太重要/不太满意,3 表示一般,4 表示比较重要/比较满意,5 表示非常重要/非常满意。

题项	重要程度	满意程度
1) 政府人才战略		
a) 战略意识	N 1 2 3 4 5	N 1 2 3 4 5
b) 战略思维	N 1 2 3 4 5	N 1 2 3 4 5
c) 战略能力	N 1 2 3 4 5	N 1 2 3 4 5
d) 战略定力	N 1 2 3 4 5	N 1 2 3 4 5
2) 人才政策创新		
a) 政策的开放性	N 1 2 3 4 5	N 1 2 3 4 5
b) 政策的灵活性	N 1 2 3 4 5	N 1 2 3 4 5
c) 政策的协同性	N 1 2 3 4 5	N 1 2 3 4 5
d) 政策的落地性	N 1 2 3 4 5	N 1 2 3 4 5
3) 人才精准服务		
a) 政府服务效率	N 1 2 3 4 5	N 1 2 3 4 5
b) 人才发展平台	N 1 2 3 4 5	N 1 2 3 4 5
c) 社会服务体系	N 1 2 3 4 5	N 1 2 3 4 5
4) 企业主体作用		
a) 企业创新战略	N 1 2 3 4 5	N 1 2 3 4 5
b) 企业用人模式	N 1 2 3 4 5	N 1 2 3 4 5
c) 企业分配制度	N 1 2 3 4 5	N 1 2 3 4 5
5) 文化氛围营造		
a) 人才价值引领	N 1 2 3 4 5	N 1 2 3 4 5
b) 传统人文优势	N 1 2 3 4 5	N 1 2 3 4 5
c) 崇实社会氛围	N 1 2 3 4 5	N 1 2 3 4 5

（三）人才资源需求

8. 您认为在影响各类人才到余姚工作的诸多因素中,影响较大的因素（可多选,限五项）:

（1）政府领导的战略格局 （2）政策创新力度大 （3）人才服务精准

(4）企业主体地位强　（5）产业发展环境好　（6）人际关系基础好　（7）人文生态环境好　（8）地理位置佳　（9）职业发展空间大　（10）职业地位高　（11）竞争压力小　（12）家人团聚　（13）积累基层工作经验　（14）为家乡作贡献　（15）专业对口　（16）其他(请写明)：_____

9. 目前贵单位是否有职位空缺：

（1）是　（2）否

如果是,是否有难以填补的职位空缺：

（1）是　（2）否

如果是,难以填补的主要原因(可多选,限三项)：

（1）本地人才供给不足　（2）经济社会发展对人才需求拉动不足　（3）行业内对优秀人才的争夺激烈　（4）工作和生活成本较高　（5）有效的招聘渠道缺乏　（6）集聚人才政策缺少吸引力　（7）区域人才发展环境制约　（8）整体薪酬待遇水平偏低　（9）本土人才外流严重　（10）其他(请写明)：_____

10. 在目前贵单位急需紧缺的职位类型中,比较急需紧缺类型(限选五项)：

（1）高素质党政人才　（2）高级经营管理人员　（3）中级经营管理人员　（4）初级经营管理人员　（5）高级专业技术人员　（6）中级专业技术人员　（7）初级专业技术人员　（8）高级技师　（9）技师　（10）高级工　（11）中级工　（12）初级工　（13）高级社会工作师　（14）社会工作师　（15）助理社会工作师　（16）其他(请写明)：_____

（四）人才发展建议

11. 您认为目前制约各类人才到余姚工作的最突出问题(可多选,限三项)：

（1）工作生活条件差　（2）工资待遇低　（3）编制管理滞后

(4) 职业发展阶梯短 (5) 职称评审难 (6) 激励保障政策落实不到位 (7) 人才公共服务不均等 (8) 培训的机会少 (9) 学术技术交流的机会少 (10) 事业发展平台缺乏 (11) 其他(请写明):_____

12. 您认为下列哪些激励政策在引导人才在余姚创业中发挥的作用较大(可多选,限五项):

(1) 提供创业启动资金 (2) 促进科技成果转化 (3) 加强知识产权保护 (4) 实施税收优惠政策 (5) 加大科研项目资助 (6) 加强法律法规保护 (7) 通畅各类融资渠道 (8) 加强社会中介服务 (9) 规范土地流转程序 (10) 实行厂房购置或租金优惠 (11) 提供创业培训补贴 (12) 建设创业孵化基地 (13) 提供创业教育辅导 (14) 提供创业贷款担保 (15) 其他(请写明):_____

13. 您认为未来几年余姚人才资源引进开发工作的重点应放在(可多选,限三项):

(1) 转变政府职能 (2) 形成各部门人才工作合力 (3) 发挥人才品牌效应 (4) 优化"以才引才"措施 (5) 引进急需紧缺人才 (6) 加强现有人才知识技能培训 (7) 完善人才激励保障机制 (8) 创新人才流动配置机制 (9) 发展人力资源服务业 (10) 构建人才保障机制 (11) 创新人才考核评价机制 (12) 加强人才政策宣传 (13) 搭建人才创新创业载体平台 (14) 其他(请写明):_____

三、党政负责人和人才工作者版

尊敬的女士/先生:

您好!感谢您支持我们的工作。您现在参加的是余姚市委组织部委托上海社会科学院开展的余姚市人才发展状况评估工作问卷调查。调查所获信息仅供研究使用,并予以严格保密。感谢您的支持!

请根据您实际情况,在对应的选项上填写或画"√"。没有特殊说明的都为单项选择题。

上海社会科学院

2019 年 6 月

(一) 基本信息

1. 您的性别:

（1）男　（2）女

2. 您的年龄:

（1）30 岁及以下　（2）31—35 岁　（3）36—40 岁　（4）41—45 岁

（5）46—50 岁　（6）51—55 岁　（7）56—60 岁　（8）61 岁及以上

3. 您的政治面貌:

（1）中共党员　（2）民主党派　（3）无党派人士　（4）群众

4. 您的最高学历/学位:

（1）中专及以下　（2）大专　（3）本科　（4）硕士　（5）博士

5. 您的身份:

（1）市委、市政府领导班子成员　（2）人才工作领导小组成员单位领导班子成员　（3）各街道、乡镇、园区等领导班子成员　（4）各部门人才工作者　（5）其他(请写明):_____

(二) 人才政策宣传普及效果

6. 您认为近年来余姚人才政策创新的明显成效(可多选,限三项):

（1）改革人才管理体制　（2）创新更具吸引力的人才引进机制

（3）完善符合人才成长规律的培养机制　（4）改进人才评价激励办法

（5）构建合理顺畅的人才流动机制　（6）健全服务人才发展保障机制

（7）加强党对人才工作的领导

7. 您认为您所在单位人才工作专项资金是否满足实际需要:

（1）是　（2）否　（3）不了解

8. 请您对近年来余姚引进人才对经济社会发展促进作用进行评价。
其中:N 表示不了解,1 表示很不重要/很不满意,2 表示不太重要/不太满意,3 表示一般,4 表示比较重要/比较满意,5 表示非常重要/非常满意。

关注指标	对经济社会发展重要性	实际效果/满意度
1) 人才贡献率	N 1 2 3 4 5	N 1 2 3 4 5
2) 科技成果转化率	N 1 2 3 4 5	N 1 2 3 4 5
3) 高新技术产业增加值占工业增加值的比例	N 1 2 3 4 5	N 1 2 3 4 5
4) 人才与产业的契合度	N 1 2 3 4 5	N 1 2 3 4 5
5) 人才对产业转型升级的贡献	N 1 2 3 4 5	N 1 2 3 4 5
6) 人才对产业发展的带动作用	N 1 2 3 4 5	N 1 2 3 4 5
7) 人才对教育体制创新的推进作用	N 1 2 3 4 5	N 1 2 3 4 5
8) 人才对科技体制创新的推进作用	N 1 2 3 4 5	N 1 2 3 4 5
9) 人才对社会和谐稳定的推进作用	N 1 2 3 4 5	N 1 2 3 4 5

(三) 人才发展环境评价

9. 您认为在影响各类人才到余姚工作的诸多因素中,影响较大的因素(可多选,限五项):
(1) 政府领导的战略格局　(2) 政策创新力度大　(3) 人才服务精准　(4) 企业主体地位强　(5) 产业发展环境好　(6) 人际关系基础好　(7) 人文生态环境好　(8) 地理位置佳　(9) 职业发展空间大　(10) 职业地位高　(11) 竞争压力小　(12) 家人团聚　(13) 积累基层工作经验　(14) 为家乡做贡献　(15) 专业对口　(16) 其他(请写明):_____

10. 请您结合自身实际,就余姚人才发展环境进行评价。
其中:N 表示不了解,1 表示很不重要/很不满意,2 表示不太重要/不太满意,3 表示一般,4 表示比较重要/比较满意,5 表示非常重要/非常满意。

关注指标	重要程度	满意程度
1）产业结构与经济发展的适应性	N 1 2 3 4 5	N 1 2 3 4 5
2）产业结构转型效果	N 1 2 3 4 5	N 1 2 3 4 5
3）主导产业成熟度	N 1 2 3 4 5	N 1 2 3 4 5
4）主导产业的集聚度	N 1 2 3 4 5	N 1 2 3 4 5
5）主导产业的影响力	N 1 2 3 4 5	N 1 2 3 4 5
6）主导产业的发展前景	N 1 2 3 4 5	N 1 2 3 4 5
7）经济发展水平	N 1 2 3 4 5	N 1 2 3 4 5
8）普通劳动力的受教育程度	N 1 2 3 4 5	N 1 2 3 4 5
9）高层次人才引进的难易程度	N 1 2 3 4 5	N 1 2 3 4 5
10）技能类人才招聘的难易程度	N 1 2 3 4 5	N 1 2 3 4 5
11）企业经营管理人才的供给水平	N 1 2 3 4 5	N 1 2 3 4 5
12）人力资源服务机构的服务水平	N 1 2 3 4 5	N 1 2 3 4 5
13）人力资源市场监督与保护水平	N 1 2 3 4 5	N 1 2 3 4 5
14）工资收入水平	N 1 2 3 4 5	N 1 2 3 4 5
15）政府部门监管力度	N 1 2 3 4 5	N 1 2 3 4 5
16）政府部门监管能力	N 1 2 3 4 5	N 1 2 3 4 5
17）政府部门监管效率	N 1 2 3 4 5	N 1 2 3 4 5
18）政府部门的官僚作风	N 1 2 3 4 5	N 1 2 3 4 5
19）环境保护状况	N 1 2 3 4 5	N 1 2 3 4 5
20）公共交通状况	N 1 2 3 4 5	N 1 2 3 4 5
21）医疗服务水平	N 1 2 3 4 5	N 1 2 3 4 5
22）基础教育质量	N 1 2 3 4 5	N 1 2 3 4 5
23）地区公路/铁路密度	N 1 2 3 4 5	N 1 2 3 4 5
24）社会安全状况	N 1 2 3 4 5	N 1 2 3 4 5
25）住房保障水平	N 1 2 3 4 5	N 1 2 3 4 5
26）社会诚信体系建设	N 1 2 3 4 5	N 1 2 3 4 5
27）文化设施状况	N 1 2 3 4 5	N 1 2 3 4 5
28）社会人才观念	N 1 2 3 4 5	N 1 2 3 4 5
29）社会价值取向	N 1 2 3 4 5	N 1 2 3 4 5
30）城市交往信任程度	N 1 2 3 4 5	N 1 2 3 4 5

续表

关注指标	重要程度	满意程度
31) 居民对外地人的包容性	N 1 2 3 4 5	N 1 2 3 4 5
32) 居民对教育的重视程度	N 1 2 3 4 5	N 1 2 3 4 5
33) 居民对创新的认识程度	N 1 2 3 4 5	N 1 2 3 4 5
34) 倡导创业的社会氛围	N 1 2 3 4 5	N 1 2 3 4 5
35) 法律法规执行力度	N 1 2 3 4 5	N 1 2 3 4 5
36) 相关政策的完备性	N 1 2 3 4 5	N 1 2 3 4 5
37) 相关政策的稳定性	N 1 2 3 4 5	N 1 2 3 4 5
38) 相关政策的可操作性	N 1 2 3 4 5	N 1 2 3 4 5
39) 相关政策的透明度	N 1 2 3 4 5	N 1 2 3 4 5
40) 相关政策的有效性	N 1 2 3 4 5	N 1 2 3 4 5
41) 海外人才引进的效果	N 1 2 3 4 5	N 1 2 3 4 5
42) 海外资金与项目引进的效果	N 1 2 3 4 5	N 1 2 3 4 5
43) 国际化社区的建设力度	N 1 2 3 4 5	N 1 2 3 4 5
44) 居民对外国人及文化的包容性	N 1 2 3 4 5	N 1 2 3 4 5

（四）需求挑战与建议

11. 您认为目前余姚人才资源短缺的主要原因(可多选,限三项)：
    (1) 本地人才供给不足　(2) 经济社会发展对人才需求拉动不足
    (3) 行业内对优秀人才的争夺激烈　(4) 工作和生活成本较高
    (5) 有效的招聘渠道缺乏　(6) 集聚人才政策缺少吸引力　(7) 区域人才发展环境制约　(8) 整体薪酬待遇水平偏低　(9) 本土人才外流严重　(10) 其他(请写明)：_____

12. 您认为目前制约各类人才到余姚工作的最突出问题(可多选,限三项)：
    (1) 工作生活条件差　(2) 工资待遇低　(3) 编制管理滞后
    (4) 职业发展阶梯短　(5) 职称评审难　(6) 激励保障政策落实不到位　(7) 人才公共服务不均等　(8) 培训的机会少　(9) 学术技术交流的机会少　(10) 事业发展平台缺乏　(11) 其他(请写明)：

13. 您认为下列哪些激励政策在引导人才在余姚创业中发挥的作用较大（可多选，限五项）：

（1）提供创业启动资金　（2）促进科技成果转化　（3）加强知识产权保护　（4）实施税收优惠政策　（5）加大科研项目资助　（6）加强法律法规保护　（7）通畅各类融资渠道　（8）加强社会中介服务　（9）规范土地流转程序　（10）实行厂房购置或租金优惠　（11）提供创业培训补贴　（12）建设创业孵化基地　（13）提供创业教育辅导　（14）提供创业贷款担保　（15）其他（请写明）：_____

14. 您认为未来几年余姚人才资源引进开发工作的重点应放在（可多选，限三项）：

（1）转变政府职能　（2）形成各部门人才工作合力　（3）发挥人才品牌效应　（4）优化"以才引才"措施　（5）引进急需紧缺人才　（6）加强现有人才知识技能培训　（7）完善人才激励保障机制　（8）创新人才流动配置机制　（9）发展人力资源服务业　（10）构建人才保障机制　（11）创新人才考核评价机制　（12）加强人才政策宣传　（13）搭建人才创新创业载体平台　（14）其他（请写明）：_____

后 记

受中共余姚市委组织部邀请,"新时代人才发展'余姚现象'研究"课题组于2019年深入余姚有关部门、街镇、园区、企业,与人才、企业、主管部门广泛开展座谈、访谈、问卷调查,对余姚人才引领转型发展模式展开深入研究,在此基础上形成系列研究成果。作为研究阐释党的十九届四中全会精神国家社科基金重大项目"构建具有全球竞争力的人才制度体系研究"(20ZDA107)阶段性成果,现将相关研究成果以《激发人才创新活力的"余姚生态"》为题结集出版,以飨读者,并为中小城市开展人才工作、引领未来发展提供借鉴。

"新时代人才发展'余姚现象'研究"课题组组长为中国人事科学研究院原院长吴江研究员、上海社会科学院汪怿研究员,课题组副组长为河海大学赵永乐教授、《光明日报》罗旭高级记者。

本书分工如下:总报告由汪怿执笔。分报告:《中小城市人才引领发展的案例比较:余杭、昆山、余姚的人才生态比较研究》由上海社会科学院薛泽林执笔,《高层次人才满意度和重要性评价问卷分析报告》由中国人事科学研究院黄梅执笔,《突出企业主体地位,唱好人才引领大戏》由江苏理工学院王全纲执笔,《余姚人才发展的韧性治理体系及启示》由大连海事大学杨国栋执笔,赵永乐教授对各分报告进行了统稿修改。案例:《姚力军:"余姚吸引力"的最好诠释者》由罗旭执笔,《余姚舜宇:践行"人才驱动"理念,铸就全球光学行业"名配角"》由黄梅执笔,《余姚机器人小镇:引进高端人才,开创特色产业》由王全纲执笔,《活跃于基层的余姚人才工作者:攥指为拳,合力开创人才工作新局面》由首都经贸大学潘娜执笔,罗旭对各案例进行了修改。《余姚市人才资源发展状况问卷调查分析报告》及《余姚市人才资源发展状况评估调查问卷样例》由黄梅负责。

上海社会科学院朱雯霞负责课题统筹服务,河海大学博士生李培园参与了课题调研。

本课题得到了余姚市委关心支持,在研究及成书过程中余姚市委组织部提供全程服务,在此,致以衷心感谢。

图书在版编目(CIP)数据

激发人才创新活力的"余姚生态" / 吴江,汪怿主编 . —上海：上海社会科学院出版社，2022
 ISBN 978 - 7 - 5520 - 3957 - 3

Ⅰ.①激… Ⅱ.①吴… ②汪… Ⅲ.①人才引进—研究报告—余姚 Ⅳ.①C964.2

中国版本图书馆 CIP 数据核字(2022)第 166677 号

激发人才创新活力的"余姚生态"

主　　编：吴　江　汪　怿
出 品 人：佘　凌
责任编辑：陈如江
封面设计：黄婧昉
出版发行：上海社会科学院出版社
　　　　　上海顺昌路 622 号　邮编 200025
　　　　　电话总机 021 - 63315947　销售热线 021 - 53063735
　　　　　http：//www.sassp.cn　E - mail：sassp@sassp.cn
照　　排：南京理工出版信息技术有限公司
印　　刷：上海新文印刷厂有限公司
开　　本：710 毫米×1010 毫米　1/16
印　　张：13.75
插　　页：1
字　　数：207 千
版　　次：2022 年 9 月第 1 版　2022 年 9 月第 1 次印刷

ISBN 978 - 7 - 5520 - 3957 - 3/C · 218　　　　　　　　定价：78.00 元

版权所有　翻印必究